NATALIE SCHMIEDING

DIE MAGIE DER HEIL KRISTALLE

Wie du mit der Kraft der Steine
dein Leben zum Strahlen bringst

Inhalt

Einleitung

Meine persönliche Reise mit den Heilkristallen begann bereits im Kindesalter, als ich in der Vitrine meiner Großmutter zum ersten Mal einen Amethyst entdeckte. Ich liebte sofort die fliederfarbene Struktur des glitzernden und für mich damals unbekannten Rohsteins. Bis heute ist der Amethyst einer meiner liebsten Heilkristalle, und ich bin glücklich, dass ich das alte Handstück meiner Großmutter noch immer besitze. Auch mein älterer Bruder hatte im Kindesalter großes Interesse an Mineralien, da ihn die physikalische Zusammensetzung dieser Wundersteine faszinierte. In dem Ort, wo wir lebten, gab es damals wenige Straßen entfernt von unserem Elternhaus einen kleinen Heilsteinladen. Bei meinem ersten Besuch war ich dort unmittelbar vom Zauber der Heilsteine eingenommen und kaufte mir von meinem Taschengeld einen Lapislazuli. Ein winziges Steinchen nur, aber wunderschön und magisch mit seinem royalen

Blau. Rückblickend und spirituell betrachtet ist es für mich kein Zufall, dass meine Familie und ich an diesen Ort gezogen waren. Für mich hat alles im Leben einen tieferen Grund. Die Kristalle, der Wohnort und der Steinladen sind für mich Puzzleteile eines Lebens, welches sich meine Seele aus spiritueller Sicht schon vor langer Zeit gewünscht hatte.

Als mit Ende zwanzig mein spirituelles Interesse erwachte, haben mich Kristalle erneut magisch angezogen. Auf dem Weg meiner inneren Entwicklung durften mich Kristalle dauerhaft begleiten und mir in schwierigen Lebensphasen Halt geben. Heilsteine haben mich in depressiven Phasen und auch in ungesunden Beziehungen tiefgreifend, heilsam und kraftvoll unterstützt.

Für jede Lebenslage gibt es einen passenden Kristall. In diesem Buch möchte ich mit dir mein Wissen teilen und dir meine Tools zur Verfügung stellen. Anhand verschiedener spiritueller Praktiken, Meditationen und Rituale möchte ich dir die Magie der Heilsteine näherbringen, damit du stärker in die Verbundenheit mit dir selbst und mit deinen Kristallen finden kannst. Ich möchte dich darin unterstützen, tiefer in dein Herz zu schauen, deine Verwundungen aus der Vergangenheit kraftvoll zu transformieren und eine tiefe Verbindung auch zu »Mutter Erde« aufzubauen. Außerdem möchte ich dich ermutigen, dir mehr zuzutrauen und dich dadurch selbst zu ermächtigen, in deine ureigene Kraft zu kommen.

Die in diesem Buch vorgestellten Kristalle habe ich nach meinen eigenen Vorlieben ausgewählt: Sie gehen mehr als andere mit mir persönlich in Resonanz. Natürlich kannst du auch weitere Kristalle hinzuziehen. Das Feld der Heilsteine ist weit gefächert. Je mehr du dich mit Kristallen beschäftigst, desto klarer wird dir werden, mit welchen Heilkristallen du am besten arbeiten kannst und welche für dich eher nicht infrage kommen.

Heilsteine können uns dabei unterstützen, in uns ein Portal zu öffnen, das uns Einblicke in die Geheimnisse unseres Wesens gewährt. Sie ermöglichen uns damit das heilsame Wachsen, das wir so sehnlichst suchen.

Kapitel 1:
Kleine Einführung in die Welt der Heilkristalle

Faszinierendes Steinreich

Kristalle und Mineralien faszinieren die Menschheit schon seit Jahrtausenden. Bereits im alten Ägypten nutzten große Pharaonen und Weise Kristalle, um mit ihrer Hilfe ihr Bewusstsein zu erweitern und dem Volk zu demonstrieren, wie mächtig und königlich sie sind. In der Grabstätte des Pharaos Tutanchamun fanden sich besondere Kristalle als kostbare Beigaben, deren Herkunft zum Teil bis heute ungeklärt ist. In ihrer einzigartigen Zusammensetzung kommen sie natürlicherweise nicht auf der Erde vor und gelten als sehr selten. Tutanchamun besaß beispielsweise einen Skarabäus aus libyschem Wüstenglas. Dieses Naturglas, auch Tektit genannt, zählt zu den seltensten Tektiten der Erde. Es soll kosmische Energien in sich tragen, da es durch einen Meteoriteneinschlag in der Libyschen Wüste entstanden ist. Auch die Heilsteine Lapislazuli, Karneol und Türkis waren im alten Ägypten sehr beliebt. Sie wurden häufig für die

Herstellung von Schmuckstücken verwendet. Dies belegen verschiedene Funde aus Gräbern der bekannten und mächtigen Pharaonen.
Die Arbeit mit Steinen faszinierte nicht nur die alten Ägypter, sondern auch andere Hochkulturen dieser Welt, wie die Mayas, die Azteken und die Kelten. Auch sie trugen Heilsteinschmuck und nutzten Mineralien bei spirituellen Zeremonien.
Selbst in unserer näheren kulturellen Vergangenheit wusste bereits die heiliggesprochene Benediktinerin Hildegard von Bingen um die Kraft der Heilsteine. Sie trug all ihr Wissen über deren Wirkung in ihren Büchern zusammen. Wir können heute noch mit Gewinn darauf zurückgreifen.
Um die einzigartige Energie der Kristalle zu verstehen, dürfen wir uns verbildlichen, wie sie im Inneren unseres wundervollen Planeten im Zusammenspiel der Elemente in hochenergetischen Prozessen entstanden sind. Sie bildeten sich vor Tausenden von Jahren durch Vulkanausbrüche unter extremen Temperatur- und Druckverhältnissen. Mineralien und Kristalle sind die ältesten Bestandteile dieses Planeten und umgeben uns überall. Die hohe Energie, die für die »Geburt« eines Kristalls auf der Erde benötigt wurde, können wir für unsere Arbeit mit ihnen nutzen. Wie alles auf diesem Planeten haben auch Heilsteine eine individuelle Vibration. Die Frequenz der Kristalle kann man als Schallfrequenz bezeichnen. Diese hängt von ihrer einzigartigen molekularen Struktur und der Mineralienzusammensetzung ab und wird in Hertz gemessen. Doch nicht nur Heilsteine besitzen all diese Eigenschaften, auch alle anderen Gesteinsarten auf diesem Planeten sind damit ausgestattet. Fun Fact: Selbst der Boden, auf dem dein Haus

gebaut wurde, auf dem du deinen Alltag verbringst, schwingt in seiner ureigenen Frequenz und beeinflusst jedes andere Energiefeld, also auch dein eigenes. Deshalb kann es beispielsweise auf Reisen passieren, dass wir uns an manchen Orten wohler fühlen und an anderen mit Unbehagen durch die Straßen gehen. Alles, was uns umgibt, hat einen Einfluss auf unser Sein, und genau das können wir für uns nutzen.

Dass Menschen seit jeher mit Steinen arbeiten, ist wie eingebrannt in unsere DNA. Wie oft können wir beobachten, wie Kinder ganz natürlich ihren Sammlertrieb ausleben. Fasziniert und selbstvergessen erwählen sie selbst kleine Steine, tragen sie wie Schätze bei sich, sprechen mit ihnen und bewundern ihr Aussehen. Kinder spüren Energien und die Verbundenheit mit allem, was ist, klarer und tiefer als wir Erwachsenen. Sie sind präsent im Augenblick, voll Neugierde und Entdeckerfreude und gehen unvoreingenommen durch viele Momente ihrer Existenz. Wir Erwachsenen hingegen sehen die Welt meist aus einer befangeneren Perspektive. Der Art unseres Erlebens und Handelns liegen unsere Erfahrungen, unsere Erziehung und unsere gesellschaftlichen Prägungen zugrunde. Diese Faktoren haben einen sehr großen Einfluss darauf, wie wir der

Welt entgegentreten und ob wir empfänglich für ihre Wunder sind oder nicht. Doch Energie umgibt uns überall. Wir selbst sind Energie, du und ich und alles, was existiert. Energie wirkt auf unser gesamtes System, unabhängig davon, ob sie positiv oder negativ gepolt ist. Heilkristalle sind eine Form von gebündelter Urenergie, die wir vielseitig verwenden können, zum Beispiel um in unser volles Potenzial zu kommen, unsere Wünsche zu manifestieren, mit unseren Ahnen zu arbeiten oder blockierte Energiezentren in unserem Körper (Chakren) wieder in den Fluss zu bekommen. Dazu bedarf es einiger Erläuterungen und Vorbereitungen, die in den folgenden Abschnitten zusammengetragen sind.

Heilsteine und ihre Formen

Bevor du dich daranmachst, dir deine Kristallsammlung anzulegen oder deine vorhandene zu erweitern, möchte ich dich mit den wichtigsten Formen, in denen Heilsteine zu erwerben sind, bekannt machen. Es gibt große und kleine Rohsteine, rund, flach oder geometrisch geschliffene. Es gibt sie in länglicher Form, drusenförmig oder in Schmuck verarbeitet. Die Vielfalt ihrer Formen ermöglicht auch wunderbar variantenreiche Einsatzmöglichkeiten deiner Steine. Und darauf darfst du gespannt sein.

Trommelsteine

Trommelsteine sind kleine runde Mineralien oder Kristalle, die als Rohsteine in einer Schleiftrommel unter Zusatz von Wasser und Poliersubstanzen so lange miteinander hin und her bewegt wurden, bis sie die gewünschte glatt polierte Form erhielten. Die natürliche Form der Kristalle ist nach dem Trommeln der Steine nicht mehr vorhanden. Trommelsteine können gut für eine Crystal-Grid-Legetechnik verwendet, zu Schmuck verarbeitet oder auch täglich in der Hosentasche getragen werden. Viele weibliche Nutzer von Heilsteinen verstauen ihre Trommelsteine im Büstenhalter, damit sie die Steine über den Tag hinweg nicht verlieren und in ihrem Energiefeld wirken lassen können. Das Wunderbare an Trommelsteinen ist, dass sie recht stabil sind und keine scharfen Ecken oder Spitzen besitzen und somit vielseitig einsatzfähig sind. Sie können dich weder bei täglichem Gebrauch verletzen noch durch Unachtsamkeit unnötig beschädigt werden. Trommelsteine sind sozusagen die Heilsteinvariante für Anfänger, da sie günstig zu erwerben sind und wenig Platz einnehmen.

Palmstones/Seifensteine/ Scheibensteine

Palmstones oder Seifensteine sind größer als die Trommelsteine und eher flach. Daher kann man sie sehr gut bei der Meditation auf verschiedene Körperstellen legen oder für Heilsteinmassagen nutzen. Sie passen nicht nur perfekt in eine Handfläche, sondern können auch bestens für ein Body-Layout im Crystals Healing genutzt werden, einem Setting, bei dem, abhängig vom inneren Thema, mehrere Heilsteine auf dem Körper einer Person arrangiert werden. Natürlich können diese Kristalle ebenfalls verwendet werden, um Crystal Grids zu legen oder auf einem Altar ihre Wirkung zu entfalten.

Feensteine

Kristalle, die in der Form eines Hexagons geschliffen sind, werden als Feensteine bezeichnet. Schon im Mittelalter wurden diese Steine verwendet, um Wünsche und Träume in die Wirklichkeit zu rufen. Man legte sie in der Nacht unter das Kopfkissen oder auf das Fensterbrett, wo sie ihre magische Arbeit gemeinsam mit der Energie des Mondes verrichteten.

Rohsteine

Rohsteine sind Natursteine, die nicht geschnitten, poliert oder in Form gebracht wurden. Sie kommen meist nicht mit anderen Stoffen in Berührung, wie Polierpasten, Ölen oder sonstigem Material, das zum Herstellen von verschiedenen Formen genutzt wird. Daher sind Rohsteine die ursprünglichsten Heilsteine, die wir nutzen können. Bei ihrer Verwendung sollten wir allerdings darauf achten, welchen Kristall wir vor uns haben, ob er eher zerbrechlich, giftig oder zum Beispiel für die Berührung mit Feuchtigkeit ungeeignet ist. Einen nicht behandelten Malachit beispielsweise können wir nicht auf der Haut tragen, da er Toxine absondert und unserer Gesundheit damit eher schadet, als etwas Gutes zu bewirken. Bei polierten Kristallen sind die Mineralien beziehungsweise die Strukturen so versiegelt, dass die darin enthaltenen Stoffe aus dem Kristall nicht heraustreten. Bei Rohsteinen kann es zudem vorkommen, dass sie porös sind. Türkis beispielsweise ist sehr weich und zerbrechlich. Zur Schmuckverarbeitung muss er zuerst gepresst und mit Harzen stabilisiert werden. Deshalb achte bitte vor der Nutzung von Rohsteinen darauf, welche Sorte Stein du vor dir hast und wie du sie am besten nutzen kannst.

Wassersteine

Wassersteine ähneln Rohsteinen und werden zur Anreicherung von Trinkwasser verwendet. Die in den Heilsteinen enthaltenen Mineralien werden bei der Herstellung von Heilsteinwasser gelöst und ans Wasser abgegeben. Oftmals werden leider Trommelsteine als Wassersteine verkauft, doch genau genommen sind diese dafür nicht geeignet. Deshalb achte bitte beim Kauf der Wassersteine immer darauf. Zur Herstellung von Heilsteinwasser ist es sehr wichtig, nur Kristalle zu nutzen, die mit einem bestimmen Verfahren behandelt wurden und frei von fremden Substanzen sind, die für die Einnahme schädlich sein könnten. Außerdem gibt es Trinkflaschen, die mit Kristalltürmen bestückt sind. Diese sind ebenfalls nicht geeignet. Denn im Polierprozess der Türme werden Öle und andere Substanzen verwendet, die dann eher schädlich als nützlich sind. Es gibt verschiedene Wasserstein-Mischungen im Handel. Die Basismischung kann ich persönlich ohne Bedenken weiterempfehlen. Sie besteht aus Bergkristall, Amethyst und Rosenquarz.

Kristallspitzen/Crystal Points

Kristallspitzen kommen meist als Quarzgestein vor, wie beispielsweise Bergkristall. Natürliche Kristallspitzen eignen sich sehr gut zur Schmuckverarbeitung, für Crystal Grids und zum Platzieren auf einem Altar. Kleine Naturspitzen sind außerdem recht günstig in der Anschaffung und für Einsteiger sehr gut geeignet. Bei Kristallspitzen ist auch die Wuchsrichtung von Interesse, denn auch bei Kristallen gibt es männliche und weibliche Exemplare. Hierzu ist es aus meiner

Sicht empfehlenswert, wenn eine Frau einen männlichen Bergkristall für sich nutzt und umgekehrt ein Mann einen weiblichen Stein verwendet. So können Yin und Yang, männliche und weibliche Energieströme im Körper, ausgeglichen werden.

Drusen und Handstücke

Drusen sind mit Kristallen gefüllte Hohlräume in Gesteinen, die vulkanisch entstanden sind. Große Amethystdrusen können deinem Wohnraum eine geschützte und harmonische Grundenergie schenken. Sie verteilen ihre Energie im ganzen Raum, da ihre Kristalle in ganz viele verschiedene Richtungen wachsen.

Kristalltürme/Crystal Wands

Kristalltürme werden geschnitten und poliert oder besitzen schon von Natur aus eine lange, dünne Form. Sie sind sehr gut dazu geeignet, Energien in bestimmte Richtungen zu leiten, die Aura zu reinigen und unsere Energiezentren, die Chakren wieder ins Gleichgewicht zu bringen.

Doppelender

Auch Kristall-Doppelender werden entweder geschnitten und poliert oder kommen in natürlicher Form vor. Sie eignen sich sehr gut, um Energien in eine gewünschte Richtung zu lenken. Daher sind sie wunderbar für jede Form der Energiearbeit. Du kannst zum Beispiel bei der Meditation in jeder Hand einen Kristall-Doppelender halten, um die universelle Lebensenergie in deinem Körper wachzurufen und die weniger dienlichen Energien auszuleiten. Halte die beiden Kristalle in diesem Fall so, dass die eine Spitze in Richtung der Finger und die andere Spitze zum Handgelenk zeigt.

Kristallpendel

Kristallpendel sind geschliffene, sehr gut ausbalancierte Kristalle, die an einer Kette hängen. Pendel können wir nutzen, um uns mit unserem Unterbewusstsein zu verbinden und von dort wichtige Antworten auf unsere brennenden Fragen zu empfangen. Das Pendel kann beispielsweise für Ja/Nein-Fragen genutzt werden. Hierzu legst du zuvor persönlich fest, in welche Richtung sich das Pendel bei Ja bewegen soll und in welche bei der Antwort Nein – sich also entweder im Kreis drehen oder hin- und herpendeln soll. Zudem kannst du deine Kristalle mit dem Pendel aussuchen. Hierzu hältst du das Pendel ruhig über verschiedene Kristalle und beobachtest seine Reaktion. Gemäß deinen Vorgaben wirst du die entsprechende Antwort erhalten, die dir bei der Auswahl deiner Steine hilft.

Wo du deine Heilsteine erwerben kannst

Wenn du dich dazu entscheidest, Kristalle in dein Leben zu integrieren, und du mit ihnen auf energetischer Ebene arbeiten möchtest, dann solltest du beim Kauf darauf achten, dass du dir Kristalle besorgst, die eine sehr gute Qualität haben. Denn diese beeinflusst in hohem Maße ihre Energie und wirkt sich somit auch sehr auf dein eigenes Energiefeld aus. Ein wichtiger Aspekt ist zudem, dass beachtet werden sollte, woher die Kristalle bezogen werden: Werden sie fair gehandelt? Werden die Minenarbeiter fair bezahlt? Wird auf die Sicherheit der Menschen in den Minen geachtet? Und wird darauf achtgegeben, die Natur nicht zu stark zu belasten? Es ist leider so, dass für jeden Kristall in die Natur eingegriffen wird und dies Spuren hinterlässt. Damit sollten wir respektvoll umgehen und uns dies immer wieder ins Bewusstsein rufen. Für mich persönlich ist es sehr wichtig, diese Aspekte beim Kauf meiner Kristalle zu berücksichtigen, damit ihre Energien nicht durch karmische Verstrickungen oder sehr niedrig schwingende Frequenzen beeinträchtigt werden. Wenn wir mit den Schätzen unserer Erde arbeiten, dürfen wir die Lieferketten nicht außer Acht lassen. Es ist enorm wichtig, dass dem Planeten etwas zurückgegeben wird – wie beispielsweise die Aufforstung der schon abgebauten Waldregionen –, damit wir in Dankbarkeit und zum höchsten Wohle aller Geschöpfe wirken können.

Steine, die unfair gehandelt werden, sind meines Erachtens energetisch nicht zu vergleichen mit fair gehandelten Kristallen. Solche Kristalle werden unter den Mineralienhändlern auch »Bad Luck Crystals« genannt, da sie energetische Anhaftungen besitzen, die, wie der Name schon verrät, Unglück mit sich bringen können. Deshalb achte bitte beim Kauf sehr auf Qualität und Fairness, damit alle am Handelskreislauf Beteiligten positiv herausgehen.

Beim Kauf deiner Heilsteine solltest du auch auf die Echtheit deiner Kristalle achten, da viele Händler leider auch gefärbte Kristalle anbieten. Oftmals werden beispielsweise Howlith-Kristalle türkis eingefärbt und als echte Türkise verkauft. Nicht nur mit Türkis wird so verfahren, sondern auch mit vielen anderen Mineralien, wie Tigerauge, Malachit, Achat, Fluorit, Citrin und Rauchquarz. Oftmals erkennst du Heilsteinfälschungen schon am Preis. Wenn Preise dir sehr günstig erscheinen, stecken dahinter oftmals keine echten Kristalle. Teilweise werden auch Glassteine als Heilsteine verkauft, mit angeblichen Wirkungsweisen, die sie nicht besitzen, da sie synthetisch hergestellt wurden. Bei Blaufluss, Goldfluss und Opalith ist dies oftmals der Fall. Deswegen Augen auf beim Kauf von Heilsteinen!

Du kannst Steine online erwerben, im Esoterikladen um die Ecke oder auf Märkten. Ich persönlich liebe es, auf Märkten nach Kristallschätzen zu schürfen, da sie ein besonderes Flair für mich besitzen. Viele meiner Heilsteinschmuckstücke habe ich auf Märkten oder in Esoterikläden gekauft.

Wie die passenden Heilsteine zu dir finden

Um die richtigen Kristalle für dich auszuwählen, kannst du verschiedene Techniken nutzen. Gerade für Anfänger ist die Wahl des richtigen Steines ein verunsicherndes Thema. Ich möchte dir hier ein paar Inspirationen geben und nützliche Tricks verraten, um dein Perfect Match zu finden. Das Auspendeln habe ich erwähnt. Es ist eine gute und sinnvolle Möglichkeit, einen Kristall für dich zu finden, besonders dann, wenn du in einem Kristallladen einkaufst. Hierzu benötigst du ein geeignetes Pendel und etwas Übung im Umgang damit. Wenn du allerdings kein Pendel zur Hand hast oder deine Kristalle online einkaufst, empfehle ich dir, Heilsteine immer nach deinem Gefühl zu kaufen. Nimm dir dafür genügend Zeit und achte genau darauf, welches Gefühl der Kristall beim Betrachten in dir auslöst. Regt sich etwas in deinem Körper, bekommst du Schmetterlinge im Bauch oder gar Gänsehaut? Jeder Körper reagiert anders, allerdings bemerkst du

unmittelbar, wenn ein Stein zu dir gehört und seinen Platz in deiner Sammlung einnehmen möchte. Ich persönlich achte beim Aussuchen eines Heilsteins immer auf das Gefühl, das er mir gibt. Meist empfinde ich ein Kribbeln im Bauch, wenn ich den passenden Stein für mich gefunden habe. Mit etwas Übung und Erfahrung erfasst du mit einem Blick, welcher Stein zu dir finden darf und welcher im Laden bleiben sollte. Ich finde, gerade am Anfang deines Umgangs mit der Thematik ist es sehr interessant zu beobachten, welche Steine zu dir finden und für dich wirken dürfen. Ich habe es selbst so erlebt: Nur Kristalle und Mineralien, die auch wirklich in deinem Leben sein sollen, werden dich finden. Dagegen verschwinden Steine, die »ihre Arbeit« erledigt haben, manchmal auf fast magische Weise. Entweder verlierst du sie oder du findest sie einfach nicht wieder.

Du kannst Heilsteine auch nach deinen persönlichen Themen aussuchen. Allerdings darfst du auch dabei ganz bewusst auswählen, denn nicht jeder Kristall einer Sorte ist wie der andere. Jeder Heilstein hat seine individuelle Frequenz, genau wie du. Die Heilsteine, die zu dir finden, passen meistens sehr gut zu deinen ureigenen Schwingungen und können dir in deinem Leben somit auch am besten helfen.

Manchmal passiert es, dass Heilsteine, die nicht mehr in unserem Leben sein sollen, zerbrechen oder uns aus der Hand fallen. Du kannst diese Kristalle zwar weiterhin nutzen, du kannst sie aber auch wieder zurück zu ihrem Ursprung bringen, zum Element der Mutter Erde. Dies kann ein wunderschönes Ritual sein, das deine Dankbarkeit und Wertschätzung für diese Heilsteine unterstreicht. Es kann dich tief in die für dich selbst sehr heilsame Frequenz der Dankbarkeit bringen und dich die Verbundenheit zu Mutter Erde intensiver spüren lassen. Ich persönlich lege zerbrochene Steine in die Blumenerde meiner Zimmerpflanzen, aus Dankbarkeit und auch in Verbundenheit mit meinen Pflanzenfreunden. Außerdem sieht es wirklich hübsch aus, Heilsteine mit Zimmerpflanzen zu kombinieren.

Wie du deine Heilsteine verwendest

Was mir allem voran an dieser Stelle sehr wichtig ist zu betonen: Es gibt kein Richtig oder Falsch im Gebrauch von Heilsteinen, wenn wir spirituell mit ihnen arbeiten. Oftmals ist es ein sehr persönlicher Zugang, da Heilsteine, wie schon erwähnt, auf einer einzigartigen Frequenz schwingen – so wie du selbst. Genau deshalb ist es wichtig, deine Intuition bei Auswahl und Anwendung der Heilsteine sprechen zu lassen. Deine Intuition ist eng verbunden mit deinem wahren Wesenskern, sie zeigt dir den richtigen Weg und ist unglaublich aussagekräftig. Es ist wichtig für uns Menschen, dass wir mehr in die Intuition

kommen, mehr ins fühlende Herz, mehr in ein Gespür dessen, was uns ausmacht, und raus aus dem Kopf, raus aus dem Denken und rein ins pure Sein.
Trotz alldem möchte ich dir hier essenzielle Dinge vermitteln, die dir gerade als Anfänger gut weiterhelfen können. Wenn dich deine Intuition zu einem Heilstein geführt hat und du ihn in deine Sammlung aufgenommen hast, darfst du diesen Heilstein für dich vorbereiten, indem du ihn energetisch reinigst. Das heißt konkret, dass du ihn von anhaftenden Energien, die er auf seiner Reise zu dir mitgenommen hat, erlösen darfst. Man kann sich vorstellen, in wie vielen Händen der Kristall lag, bis er zu dir gefunden hat. Und genau deshalb ist es wichtig, deine Kristalle energetisch zu reinigen. Nicht jeder Mensch schwingt auf einer hohen Frequenz. Leider ist es tatsächlich so, dass der Großteil der Weltbevölkerung auf eher niedrigem Energieniveau schwingt. Dies kann sehr viele Ursachen haben, wie Traumata, persönlicher Lebensstil, Ahnenthemen, karmische Verbindungen oder Themen, die mit dem »inneren Kind« zu tun haben.
Jedes Wesen hinterlässt einen energetischen Abdruck, ob hoch oder niedrig schwingend, und genau diese Energien möchten wir von dem Kristall entfernen, damit er mit seinem höchsten Potenzial mit uns arbeiten darf. Bei der Arbeit mit Kristallen kursiert häufig die Meinung, dass diese nicht energetisch gereinigt werden müssen, da sie, wie schon beschrieben, eine ureigene Frequenz haben, wovon auch ich überzeugt bin. Allerdings bereite ich meine Heilsteine, wenn sie bei mir »einziehen«, immer vor und reinige sie mittels verschiedener Techniken, von denen ich dir im Folgenden einige vorstellen möchte.

Wie du deine Heilsteine reinigst und auflädst

Du kannst die hier beschriebenen Methoden im Allgemeinen auf alle Gegenstände anwenden, auch auf dich selbst, deine Wohnung, dein Haustier oder deine Zimmerpflanzen. Da wir zudem in unserem Alltag ständig Fremdenergien ausgesetzt sind, ist es sehr empfehlenswert, einige der Tools, die ich beschreibe, mindestens einmal wöchentlich auf dein eigenes Energiefeld anzuwenden. Falls du deinen Körper energetisch reinigen möchtest, vergiss bitte nicht, deine Hände, Füße und deinen Rücken bei der Reinigung mit einzubeziehen, da diese Körperteile gern übersehen werden, aber dennoch mit sehr vielen Fremdenergien in Berührung kommen.

Reinigen mit dem Element Wasser

Wasser ist so ein dynamisches Element, das Fremdenergien von Heilsteinen, anderen Gegenständen und Lebewesen lösen kann. Selbst ein regnerischer Tag kann genutzt werden, um das Energiefeld der Aura zu reinigen. Also denk beim nächsten Regen daran, wie kraftvoll ein Spaziergang im Regen für dich sein kann. Oder bist du schon einmal im Meer oder in einem Bergsee geschwommen und hast dich danach energetisch klarer und vibrierender gefühlt? Wenn ja, kennst du die reinigende Kraft dieses Elements. Wir Menschen nehmen es im alltäglichen Gebrauch oftmals nicht wahr, dass Wasser lebendig ist und sehr viel in unserem System bewirken kann.

Wenn wir einen Heilstein energetisch reinigen möchten, lassen wir sauberes Wasser über ihn fließen und setzen die Intention, dass alle Fremdenergien von diesem Kristall gelöst werden mögen. Diese Intention können wir auch laut aussprechen, dann bekommt der Vorgang noch mehr Kraft. Das Wasser können wir aus dem Wasserhahn, einem Quelltopf, einem Brunnen oder Bach nehmen, nur sauber sollte es sein. Am besten ist frisch aufgefangenes reines Regenwasser – sofern du nicht in einer schadstoffbelasteten Umgebung lebst. Du kannst deine Kristalle zur Reinigung auch gern direkt in den Regen legen und sie dort ein Weilchen liegen lassen.
Ich möchte noch kurz etwas sehr Wichtiges erwähnen: Nicht jeden Stein kannst du mit Wasser reinigen, da Heilsteine aus verschiedenen chemischen Substanzen zusammengesetzt sind und unterschiedliche Härtegrade besitzen. Leider können Heilsteine in Verbindung mit Wasser manchmal giftig sein oder sich auflösen, deshalb informiere dich bitte gut über deinen Heilstein und sein Zusammenwirken mit Wasser.

Reinigen mit dem Element Erde

Wir können Kristalle mit allen Elementen, die uns zur Verfügung stehen, energetisch neutralisieren. Dazu zählt auch das Element Erde beziehungsweise der Boden, der uns trägt. Dafür kannst du deine Kristalle in sauberer Erde vergraben und sie dort für vierundzwanzig Stunden ruhen lassen. Diese Methode kannst du sowohl mit der Erde im Garten praktizieren als auch mit der Erde in den Töpfen deiner Zimmerpflanzen. Hier freuen sich auch deine Pflanzen über die magische Energie deiner Kristalle. Das Element Erde ist tief mit unserem Ursprung verbunden, mit dem Mütterlichen, aus dem wir hervorgehen und das wir alle in uns tragen, und der Eigenschaft bedingungsloser Liebe.

Reinigen mit beliebigem Räucherwerk

Wenn es mit dem Reinigen deiner Steine mal schnell gehen soll, kannst du auch gern räuchern. Hierzu kannst du eigentlich alle heimischen Kräuter verwenden, die du teilweise auch in deiner Küche findest. Noch besser ist es allerdings, du hast sie selbst in der Natur gefunden, geerntet und getrocknet. Du kannst aber auch gekauften Salbei, Palo Santo und Räucherstäbchen zum Räuchern deiner Kristalle nutzen. Hierzu zündest du einfach dein Räucherwerk an und hältst den zu reinigenden Kristall so lange über den Rauch, bis es sich richtig für dich anfühlt, den Kristall wieder aus dem Rauch zu entfernen.

Kleiner Tipp beim Räuchern: Öffne die Fenster, damit alle Fremdenergien aus deinen Räumlichkeiten verschwinden können und die frische Luft dir neue gute Energie schenken kann. Wenn man das Fenster nicht öffnet, kann es passieren, dass die »Dämonen« im Kreis herumrennen. Das wollen wir, denke ich, alle vermeiden.

Reinigen mit Salbei

Der Salbei, mit dem in traditionellen Zeremonien geräuchert wird, ist der sogenannte weiße Salbei. Weißer Salbei wird ebenso wie Palo Santo in Nord- und Südamerika genutzt, wo er tief im Schamanismus verankert ist. Da weißer Salbei nicht zu den Massenprodukten zählt, solltest du darauf achten, dass du ihn von Händlern beziehst, die fair handeln und nur Pflanzen vertreiben, die unter respektvollen Verhältnissen geerntet wurden. Denn das Vorkommen des weißen Salbeis ist nicht unerschöpflich, und die Nachfrage hat in den letzten Jahren sehr stark zugenommen. Es ist meines Erachtens wichtig, in spirituellen Praktiken immer darauf zu achten, dass alles zum Wohle aller passiert. Wenn wir Produkte verwenden, die unter respektlosen Bedingungen hergestellt werden, ist die Energie eine andere als bei nachhaltigen und fair gehandelten Artikeln.

Das Räuchern mit einem Salbeibündel ist ganz einfach. Du zündest es an und lässt die Flamme am besten von allein erlöschen, sodass dicker Rauch entsteht. Manchmal dürfen wir etwas nachhelfen und vorsichtig gegen die Glut pusten, damit sich der Rauch intensiviert. Das Salbeibündel wird, wenn es eine gute Qualität hat, starken Rauch abgeben, den du mit deinen Händen oder einer Feder im Raum verteilen kannst. Auch deine Kristalle kannst du über den Rauch halten und somit von niedrig schwingenden Energien befreien.

Reinigen mit Palo Santo

Palo Santo heißt übersetzt »heiliges Holz«. Es stammt von den Antillen sowie aus dem Norden Südamerikas und wurde von indigenen Völkern als Mittel gegen Syphilis genutzt. Außerdem verwendete man es, um Geister zu verscheuchen. Palo Santo ist vergleichbar mit Sandelholz, das aus Indien stammt. Mit Palo Santo kannst du gut auch dich selbst und deine Räumlichkeiten räuchern und von negativen Energien befreien. Dies würde ich dir mindestens einmal wöchentlich ans Herz legen. Auch beim Erwerb von Palo Santo solltest du darauf achten, dass die Hölzer fair gehandelt werden, da der Baum in Peru unter Naturschutz steht. Das Interessante an Palo Santo ist, dass das Gehölz seine ätherischen Öle erst einige Jahre nach seinem Tod entfaltet. Dies zeigt uns den ewigen Kreislauf der Natur, in der aus dem Tod immer wieder wundersam Neues entstehen kann. Alles hat hier seinen Zweck und seine Bestimmung.

Reinigen mit einer Amethyst-Druse

Wir können Kristalle, aber auch andere Gegenstände wie beispielsweise Schmuck in einer Amethyst-Druse oder mit einem großen Amethyst-Handstück energetisch reinigen. Hierzu lege einfach den Kristall oder das Schmuckstück für einige Stunden in die Druse hinein oder oben auf das Handstück. Amethyst-Drusen sind generell sehr gut geeignet, um Räume in eine angenehme Energie zu versetzen. Deshalb kann ich dir empfehlen, etwas Geld in eine schöne, dich ansprechende Druse zu investieren. Du wirst die Magie dieser Wunderwerke der Natur direkt in deinem Inneren spüren.

Reinigen mit Hämatit-Chips

Um deine Kristalle energetisch zu reinigen, kannst du sie auch in ein Bad mit ganz kleinen Hämatit-Trommelsteinen legen. Hierfür kannst du eine Schale mit Hämatit-Chips befüllen. Es reicht, wenn du sie dort für knapp zwanzig Minuten verweilen lässt. Damit die Hämatit-Steine ihr volles Potenzial entfalten können, kannst du sie vorher für einige Zeit (dreißig Minuten) in die Sonne legen, um sie dort zunächst mit Sonnenenergie aufzuladen. Hierzu nutze am besten die Zeit des Sonnenaufgangs oder -untergangs.

Reinigen mit Selenit

Hier eine weitere Methode, um Heilsteine energetisch zu reinigen: Nimm einfach einen Selenit in deine Kristallsammlung auf. Mit diesem Heilstein kannst du deine anderen Mineralien ent- und aufladen. Selenit besitzt die Eigenschaft, Energien von Gegenständen und Auren entfernen zu können. Hierzu gehören auch die nicht dienlichen Anhaftungen deiner Heilsteine. Selenit wird in verschiedenen Formen angeboten. Oftmals sind Selenit-Schalen erhältlich, die sich wunderbar

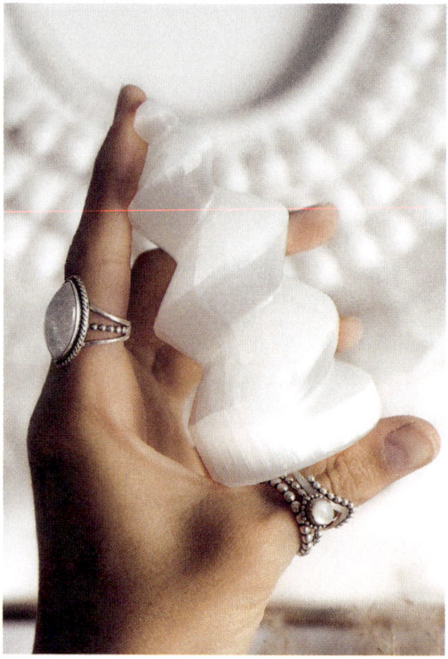

dafür eignen, Kristallschmuck energetisch zu reinigen. Außerdem kannst du in diesen Schalen Trommelsteine nicht nur reinigen, sondern auch aufbewahren. Das ist nicht nur effektvoll, sondern auch ein schöner Blickfang fürs Auge. Selenit gilt als der Stein der Engel. Mit ihm kannst du wundervolle Rituale durchführen, die dir in schwierigen Zeiten helfen können, einen Schritt weiterzugehen.

Aufladen mit Vollmondenergie

Kristalle sind eng mit dem Universum und den höheren Welten verbunden. Der Vollmond ist der perfekte Zeitpunkt, um rituell zu arbeiten und unsere magischen Heilsteine aufzuladen. Nachdem du deinen Heilstein eventuell mit Wasser oder mit anderen Methoden gereinigt hast, kannst du ihn im Licht des Vollmonds baden. Hierzu stellst du ihn in den Schein des Vollmonds, entweder auf dein Fensterbrett oder direkt in die Natur. Falls du einen Garten hast, eignet sich dieser wunderbar, um deine Heilsteine ins Mondlicht zu legen. Wenn du dir Gedanken darüber machst, ob deine Kristalle überhaupt vom Licht des Mondes in der Nacht berührt werden, kann ich dich beruhigen. Auch durch Wolken hindurch wird die Energie aufgenommen, denn der

Mond ist auch über sein die Sonne reflektierendes Licht hinaus energetisch kraftvoll und gut geeignet für das Aufladen von Kristallen oder anderen Gegenständen.

Aufladen mit Sonnenenergie

Wir können unsere Heilsteine nicht nur im Mondlicht aufladen, sondern auch im Sonnenschein. Besonders der Bergkristall mag die Sonnenenergie sehr gern. Jedoch solltest du bei dieser Technik darauf achten, die Kristalle nicht in die Mittagssonne zu legen, sondern entweder die Morgen- oder die Abendsonne nutzen. Kristalle können leider in der Sonne auch zerplatzen, wenn die Strahlung zu stark wird. Diese Technik ist auch nicht für jeden Kristall geeignet, da die Farbpigmente der Kristalle geschädigt werden könnten und dadurch verblassen.

Programmieren von Heilsteinen

Nachdem du deine Kristalle entladen und neu aufgeladen hast, kannst du sie mit einer bestimmten Thematik programmieren. Setze dazu immer eine Intention, wie beispielsweise: »Ich möchte mehr Fülle in mein Leben einladen« oder »Ich möchte mich mit meinen geistigen Helfern (Spirit Guides) verbinden«.
Das Programmieren der Kristalle ist energetische Arbeit und hört sich schwieriger an, als es tatsächlich ist. Du kannst diese Technik nutzen, um deine Kristalle wirkungsvoll bei Ritualen einzusetzen. Ich programmiere meine Kristalle nach ihrer energetischen Reinigung, in-

dem ich mir die Thematik aus meinem Leben auswähle, die mich im Moment am meisten beschäftigt und wo ich mir heilsame Veränderungen oder Antworten erhoffe. Ich wähle eine knappe und klare Formulierung für meine Intention und nehme mir einen Heilstein zu Hand, der tief mit der Energie meines Themas verbunden ist.

Angenommen, ich würde gern mehr Liebe in mein Leben rufen, wähle ich hierzu einen Kristall aus, der energetisch mit dem Herzen verbunden ist. Hierfür würde ich den Rosenquarz nutzen, da dieser Kristall der Stein des Herzens und der allumfassenden Liebe ist. Nun nehme ich den Stein behutsam in beide Hände und konzentriere mich mit meinem ganzen Sein – Körper, Geist und Seele – auf die Energie der Liebe in mir. Ich spüre und sammle die pulsierende Energie in meinem Herzraum und lasse sie, wenn ich mich bereit dazu fühle, von meinem Herzen in meine Arme fließen, die diese Energie bis zu dem Rosenquarz in meinen Händen transportieren und in ihn hineinleiten. Lass dir hierbei ausreichend Zeit und konzentriere dich darauf, dass deine Programmierung frei von Fremdenergien ist. Sie sollte rein und ohne Beeinflussung anderer passieren, damit sie auf die bestmögliche Weise für dich wirken kann. Alles, was wir tun, alles, worum wir bitten, und jeder Gedanke, den wir aufkommen lassen, haben eine Auswirkung auf uns, unser Leben und unsere Umgebung. Deshalb programmiere Kristalle bitte nur mit hoch schwingender Energie, damit nicht nur du, sondern auch andere Menschen, die mit den Schwingungen in Berührung kommen, nur das Beste erfahren.

Du kannst die programmierten Kristalle nun entweder als Schmuck tragen, in deiner Meditation verwenden, in einem geometrischen Kristall-Arrangement (Crystal Grid) oder in einem Ritual deiner Wahl einsetzen. Das Tragen von Heilsteinen etwa ist eine sehr gute Methode, um die Heilsteine über einen längeren Zeitraum in deiner Aura wirken zu lassen. Hierzu kannst du Heilsteine wählen, die zu einem Thema, das dich schon länger und dauerhaft beschäftigt, oder zu deiner aktuellen Intention gut passen. Deine Intentionen können verschiedener Art sein, wie mehr Klarheit, Liebe oder Kreativität einzuladen. Natürlich kannst du deine Heilsteine, die du als Schmuck verarbeitet bei dir trägst, auch intuitiv oder nach ihrer Zugehörigkeit zu einem der sieben Energiezentren, den Chakren, auswählen. Dazu gleich mehr.

Ich selbst trage gern Schmuck, der meine aktuellen emotionalen Themen unterstützt und mir im Alltag Halt gibt. Beispielsweise mag ich Orgonite, die eine abgestimmte Mischung an Heilsteinen vereinen. Sie sollen den Träger bestmöglich schützen und ihm Kraft schenken. Hierzu werden meist Heilsteine kombiniert, die sich gegenseitig verstärken. Die Heilsteine im Orgonit werden mit Kunstharz und Metallen zusammengehalten. Somit sind Energie und Wirkung etwas anders als bei einem reinen Heilstein. Für mich persönlich fühlt sich die Energie eines Orgonits etwas weicher und sanfter an. Dies ist auch der

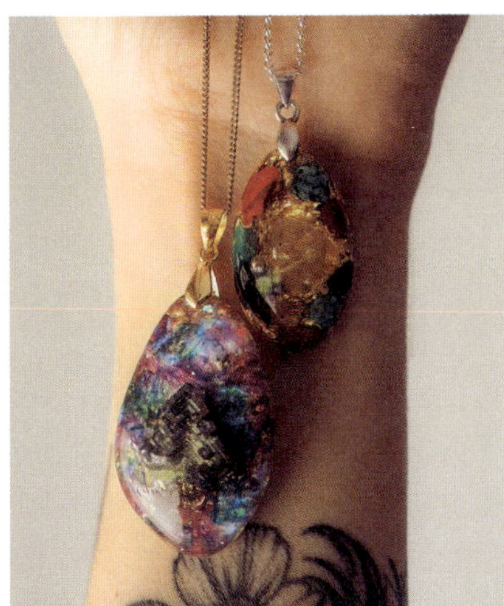

Grund, warum ich täglich einen trage, da ich, wie viele andere Menschen ebenfalls, energetisch stark auf Heilsteine reagiere. Die unterschiedlichen Energien, die Heilsteine aussenden, sind für die einen angenehm und für die anderen wiederum weniger angenehm. Deshalb empfehle ich dir sehr, deine Heilsteine so auszuwählen, dass sie dir intuitiv richtig erscheinen und du eine Verbundenheit mit ihnen spüren kannst. Auf diese Weise kannst du den bestmöglichen Begleiter für dich finden.

Rituale und Meditationen mit Heilsteinen

Ich möchte dich im Folgenden näher in die konkrete Arbeit mit den Kristallen einführen und dir zeigen, wie du die vielfältigen Heilsteine mit ihrem je eigenen Potenzial sinnvoll, heilsam und kreativ für dich nutzen kannst. Alle spirituellen Übungen, Rituale und Meditationen, die ich hier in diesem Buch beschreibe, habe ich selbst schon durchgeführt. Sie haben mir so ein weites Feld an Gestaltungsmacht in meinem Leben eröffnet, welches ich zu Beginn meiner Heilsteinreise nicht für möglich gehalten hätte. Du wirst verschiedene spirituelle Praktiken finden, in denen dich Kristalle dabei unterstützen, auch deine eigenen inneren Schätze zu heben und deine wunderbaren Gaben noch mehr zur Entfaltung zu bringen. Ich lade dich ein, offen dafür zu sein, dich auf die Magie der Heilsteine einzulassen und zu beobachten, was Kristalle in deinem Leben bewirken können.

Die Praktiken, die ich hier zusammengestellt habe, durfte ich selbst erleben – vermittelt durch wundervolle Mentoren, Content Creator oder Autoren, die auf diesem Gebiet Bücher veröffentlicht oder Beiträge in den Social Media verfasst haben. Ich habe sie über die Jahre für mich selbst weiterentwickelt und durch die Hinzunahme magischer Heilsteine angereichert, die die jeweiligen Prozesse unterstützen und intensivieren. Ich mag es gern, bei spirituellen Techniken meine persönliche Handschrift einfließen und auf mich wirken zu lassen. Dies integriere ich regelmäßig in meinen Alltag, um die Verbindung mit meinen Kristallen, mit mir selbst und dem Universum zu pflegen.

Am Anfang meiner spirituellen Reise habe ich vermehrt Rituale zu Voll- und Neumond durchgeführt, um eine klare Linie, Regelmäßigkeit und Verlässlichkeit in meine spirituelle Praxis zu bringen. Hierbei habe ich mich von meiner Intuition leiten lassen. Rituale geben mir persönlich mehr Sicherheit und Verbundenheit mit mir selbst, mit Mutter Erde und dem Universum. Die Mondenergie kann hilfreich sein, um unsere spirituelle Praxis zu verstärken. Der Vollmond eignet sich für Prozesse des Loslassens. Zudem kann er uns dazu einladen, mehr nach innen zu schauen. Außerdem können wir ihn nutzen, um unsere Kristalle mit seiner Energie aufzuladen. Für mich ist allein dies schon ein wiederkehrendes Ritual, da es uns mit jedem Vollmond daran erinnert, uns mit den Kristallen, dem Mond und Mutter Erde zu verbinden. Der Neumond wiederum kann wunderbar für Manifestationen genutzt werden, um unsere Wünsche Wirklichkeit werden zu lassen. Astrologisch steht der Neumond für den Neubeginn. Daher können wir an Neumond frischen Wind in unser Leben lassen.

Alle Rituale, Übungen und Meditationen können abgewandelt werden. Ich selbst habe meiner Fantasie freien Lauf gelassen und immer wieder neue Aspekte hinzugefügt oder auch manche gestrichen, wenn ich sie nicht mehr als wohltuend empfunden habe. Viele Anregungen, wie wir Übungen oder Rituale kreieren können, fand ich in den Social Media. Hier nutze ich allerdings nur Ideen, die mit meinen Erfahrungen im Einklang stehen und sich für mich stimmig anfühlen.

Die Praktiken in diesem Buch sind alle nach demselben Muster aufgebaut: Zuerst erzähle ich dir, wofür sie gedacht sind, welche Intention ihnen zugrunde liegt. Dann geht es ums Vorbereiten: Du erfährst, welche »Zutaten« du benötigst und wie du diese, dich selbst und auch deinen Raum beziehungsweise den Ort, an dem du die Übung durchführst, reinigen kannst. So wird ein heiliger Raum kreiert, in dem du dich ganz auf den Prozess, der entsteht, einlassen kannst. Im letzten Schritt geht es um einen klaren Abschluss und gegebenenfalls um die Nachbereitung. Da die Meditationen teilweise sehr lang sind, empfehle ich dir, sie aufs Diktiergerät deines Smartphones zu sprechen, möglichst in einem angenehmen langsamen Tempo. Während du dein Audio abspielst, kannst du dich ganz auf die Übung konzentrieren. Alternativ kannst du den Text auch von einer Person deines Vertrauens in einem geschützten Rahmen vorlesen lassen.

Bevor wir mit den Praktiken beginnen, darfst du dir zu Hause sehr gern einen Ort herrichten, der für dich ein quasi heiliger Ort werden darf – ein Ort, an dem du deine Rituale durchführst, an dem du meditierst, an dem du deine Gedanken aufschreibst oder Teile deiner Kristallsammlung aufbewahrst. Dieser Ort wird zunehmend zu deinem ganz persönlichen Altar werden, der dir Kraft geben darf, dir Rückzug ermöglicht und eine Verbindung zum Göttlichen schafft.

Chakrenarbeit mit Heilsteinen

Wie du bis hierher bereits erfahren konntest, ist es möglich, mit Heilsteinen energetisch effektiv zu arbeiten, sie für sich auf heilsame Weise zu nutzen, den eigenen Kontakt zu Mutter Erde zu stärken sowie Meditationen und Rituale für die spirituelle Praxis mit ihnen zu kreieren. Wie erwähnt, können wir Heilsteine auch bezüglich ihrer Wirkung auf unsere Chakren aussuchen, um diese durch die Energie der Heilsteine zu unterstützen oder ihre energetischen Blockaden zu lösen. Ich möchte dir hier zunächst einen kurzen Überblick geben, was Chakren überhaupt sind und welche es gibt. Natürlich möchte ich dir auch die dazugehörigen Heilsteine vorstellen, damit du bei deinem nächsten Einkauf weißt, welcher davon dein Begleiter werden darf.

Die Lehre von den Chakren stammt aus den jahrtausendealten philosophischen Überlieferungen Indiens, den Veden und Upanischaden, die auf Sanskrit, einer altindischen Sprache, verfasst sind. Mit den fernöstlichen Heil- und Meditationspraktiken ist auch die Chakrenlehre mit ihren Begrifflichkeiten in unseren Kulturkreis gelangt. Chakren sind kreisförmige Energiezentren in unserem feinstofflichen Körper. Sie sind unsichtbar, ohne physischen Ursprung und pure Energie. Die wohl berühmtesten sieben Chakren, die auf unser Bewusstsein wirken, sind im Allgemeinen am besten bekannt und erhalten in den spirituellen Praktiken die meiste Aufmerksamkeit. Wir widmen uns in diesem Buch diesen sieben Hauptchakren und ihrer Wirkung und betrachten, welche Heilsteine mit ihnen in Verbindung stehen. Die Chakren liegen in regelmäßigen Abständen auf der sogenannten Pranaröhre, die

in rein energetischer Form an der Mittelachse des Körpers liegt. Jedes Chakra schwingt in seiner eigenen Frequenz und wirkt somit auf unseren gesamten Organismus, auf unsere Emotionen und unseren Geist. Auch wenn wir die Energiezentren nicht sehen können, sind sie doch existent und wirken auf unser System. Wenn Chakren unausgeglichen sind, können sie verschiedene Symptome in unserem Körper hervorrufen oder unsere Gefühle beeinflussen. Weist ein Chakra eine bestimmte Thematik auf, ist es beispielsweise zu inaktiv oder zu aktiv, sind laut Chakrenlehre die darüber und darunter liegenden Chakren ebenfalls betroffen, weil sie nicht klar voneinander abgegrenzt sind, sondern ineinander übergehen. Deshalb dürfen wir die Chakrenarbeit ganzheitlich betrachten und schauen, was diese Energiezentren uns mit ihren »Symptomen« mitteilen möchten.
Ich durfte die Chakren in meiner Reiki-Ausbildung bei Ann-Sophie Bünting intensiver kennenlernen und habe dort die wichtigsten Informationen erhalten.

DIE SIEBEN HAUPTCHAKREN UND IHRE KRISTALLE

Es gibt verschiedene Überlieferungen, welche Kristalle wir für unsere Chakren nutzen können. Ich lade dich ein, dabei auch immer deine eigene Intuition sprechen zu lassen und zu spüren, welcher Kristall am meisten in Resonanz mit dir geht. Ich teile an dieser Stelle gern meine Favoriten mit dir.

Wurzelchakra

Das Wurzelchakra steht für das physische Überleben und unsere Verbindung zu den elementaren Bedürfnissen und verhilft zu emotionaler Stabilität, Erdung, Vertrauen ins Leben. Es hat seinen Sitz am Fuß der Wirbelsäule/Damm.

Edelsteine: Rubin, Hämatit, Granat, roter Jaspis, roter Achat

Sakralchakra

Das Sakralchakra steht für unsere Verbindung zum Fluss der kreativen Lebensenergie, für Gefühle, Sexualität, Neugier und Lebensfreude. Es hat seinen Sitz eine Handbreit unterhalb des Bauchnabels.

Edelsteine: Goldtopas, Aventurin, Feueropal, Karneol

Solarplexus-Chakra

Das Solarplexus-Chakra steht für Selbstbewusstsein, persönliche Kraft und Identitätsgefühl. Es sitzt unterhalb des Brustbeins.

Edelsteine: Citrin, Bernstein, Tigerauge, gelber Calcit

Herzchakra

Das Herzchakra steht für die bedingungslose Liebe zu uns selbst, unserer Umgebung und dem Universum, befähigt uns zum Umgang mit Gefühlen, steht für Weisheit und die Verbindung mit der inneren Welt. Es sitzt in der Mitte der Brust auf Höhe des Herzens.

Edelsteine: Rosenquarz, Smaragd, Jade, Rhodochrosit

Kehlchakra

Das Kehlchakra steht für die Kommunikationsfähigkeit und den persönlichen Ausdruck und hilft uns, gut zuzuhören. Es sitzt am Kehlkopf.
Edelsteine: Aquamarin, Sodalith, Apatit, blauer Achat, Chalcedon, Türkis

Stirnchakra

Das Stirnchakra, auch »drittes Auge« genannt, steht für Intuition und mentale Organisation und ist verbunden mit dem Unterbewusstsein, den Erinnerungen, dem höheren Selbst, Vertrauen und Visionen. Es sitzt in der Mitte der Stirn.
Edelsteine: Amethyst, Azurit, Saphir, Fluorit, Lapislazuli, Sodalith

Kronenchakra

Das Kronenchakra steht für die Anbindung an den Kosmos, Ausgleich, Inspiration und schenkt uns den Sinn für spirituelles Leben und unsere höhere Bestimmung. Es sitzt am höchsten Punkt des Kopfes.
Edelsteine: Bergkristall, Diamant, Phenakit

Meditation: Bring deine Chakren zurück in ihre Kraft

Gerade für Anfänger ist es teilweise schwierig, die Anbindung nach oben aufzubauen. Dies bedarf der Geduld und regelmäßiger Übung. Die folgende Chakrenmeditation eignet sich wunderbar als Einstieg in deine Meditationspraxis. Ich empfehle sie dir, um energetische Blockaden in deinem System zu lösen und in die Selbstermächtigung zu kommen. Als Kristalle eignen sich Scheibensteine oder Palmstones, da sie während des Auflegens nicht so schnell verrutschen wie etwa Trommelsteine.

Dies sind die Materialien, die du insgesamt benötigst: sieben Chakrensteine deiner Wahl, zum Beispiel Bergkristall (Kronenchakra), Amethyst (Stirnchakra), Sodalith (Kehlchakra), Rhodochrosit (Herzchakra), Citrin (Solarplexus-Chakra), Karneol (Sakralchakra), roter Jaspis (Wurzelchakra); meditative Musik; ätherische Öle wie beispielsweise Lavendel, um tiefer in die Entspannung zu gelangen; ein ruhiger Ort zum Hinlegen, bitte nicht dein Bett. Aber vielleicht möchtest du eine Decke und ein Kissen verwenden, um es dir bequem zu machen und fokussierter zu sein. Manchmal können dich kleine Ablenkungen wie spürbare Kälte, unbequemes Liegen oder Geräusche bei der Meditation stören. Deshalb versuche, gut für dich in diesem Ritual zu sorgen. Stelle auch Wasser oder ungesüßten Tee bereit, um nach dem Ritual etwas zu trinken zu haben. Wenn wir energetisch arbeiten, ist es wichtig, viel Flüssigkeit zu uns zu nehmen, um den Prozess, der in uns angestoßen wurde, zu unterstützen.

Bevor du beginnst, nimm entweder ein Salzbad oder räuchere dein Energiefeld mit einem beliebigen Räucherwerk. Räuchere auch deine Räumlichkeiten und deine Steine. Danach bereitest du deinen Wohlfühlplatz vor. Wenn du Öle benutzt, gib einen Tropfen auf deine linke Hand, verreibe ihn und inhaliere den Duft des Öls. Gern darfst du auch ein wenig auf deine Haut in Höhe des Herzchakras geben. Stell nun die Meditationsmusik an und leg dich gemütlich auf den Rücken, an einem Platz, an dem du ungestört sein kannst.

Verteile nun die Kristalle auf deinen Chakren. Den Bergkristall für das Kronenchakra legst du direkt hinter deinen Kopf auf den Boden und den roten Jaspis für das Wurzelchakra entsprechend zwischen deine Beine. Dann atmest du drei Mal hintereinander tief durch die Nase ein und durch den Mund wieder aus. Jetzt fokussierst du dich ganz auf dein Herzchakra und sammelst die Energie in ihm. Du lässt sie dort kreisen und pulsieren, genießt den Moment. Wenn du so weit bist, lässt du die Energie vom Herzen hinab bis zu deinen Füßen und hinein in die Erde fließen und visualisierst, wie kräftige und wunderschöne Wurzeln von deinen Füßen bis tief in den Erdkern hineinwachsen und diesen schließlich umarmen. Spüre die tiefe und erdende Energie unseres Heimatplaneten.

Ziehe diese Energie nun hoch in dein eigenes System: zuerst durch die Wurzeln, dann durch deine Beine, dein Becken und durch jedes weitere Chakra bis hinauf zu deinem Kronenchakra. Nun visualisierst du über deinem Kronenchakra ein goldenes Ei, welches himmlisch warm strahlt und heilende Kräfte besitzt. Spüre, wie dein ganzer Körper mit der göttlichen, Licht bringenden Energie des goldenen Eis in Resonanz geht. Nun lass dieses Ei in dein Kronenchakra hinabgleiten. Du visualisierst, wie alle nicht dienlichen Ansammlungen von Energie sich von deinem Kronenchakra lösen. Alles, was nicht zu dir gehört, darf nun gehen. Spüre, wie die klare Energie des Bergkristalls in seiner tiefen Verbundenheit mit dem goldenen Ei dich dabei unterstützt. Nachdem du dein Kronenchakra auf diese Weise gereinigt hast, gleitet das Ei weiter hinab zu deinem Stirnchakra. Hier visualisierst du mit der gebündelten Kraft des Amethysts und des goldenen Eis, wie alle Ablagerungen von deinem dritten Auge entfernt werden, alle Verkalkungen, die dir die Sicht versperren. Du spürst, wie der Stress des Alltags von dir weicht. Wenn du so weit bist, spürst du, wie dein drittes Auge immer offener und freier wird. Anschließend lässt du das warme, wundervolle goldene Ei weiter hinunter in dein Kehlchakra gleiten und dort mit der Hilfe des Sodaliths seine Arbeit verrichten. Du spürst, wie dein Kehlchakra sich weitet und die Energie dort leichter wird. Wenn du magst, kannst du gern summen, um dein Kehlchakra zu stimulieren. Alles, was dort über die Zeit abgelagert wurde, darf gehen und sich energetisch ganz von dir lösen. Wenn du Leichtigkeit in diesem Bereich verspürst, darfst du das goldene Ei weiter durch dein Herzchakra sinken lassen und die allumfassende Liebe mit der Hilfe des Rhodochrosits in dein System einladen. Atme tief ein und weite deinen Herzraum, spüre, wie das goldene Ei alle Verletzungen aus deinem Herzen löst und es mit der Kraft des göttlichen Lichtes umwandelt in pure heilsame Freude. Lass nun das Ei durch deinen Solarplexus reisen und spüre dort mit der Kraft des Citrins, wie all deine Selbstzweifel, die du dort gespeichert hast, aufgelöst und in nährende Energie umgewandelt werden. Lass das Ei alles mitnehmen, was nicht zu dir gehört, und bedanke dich beim Schöpfer für die magische Kraft des Citrins. Nach deinem Solarplexus-Chakra folgt das Sakralchakra. Hier darf dir die Kraft des Karneols in Kooperation mit dem göttlichen goldenen Ei dienlich sein, um alle Verstrickungen zu lösen und dir pure, sinnliche Energie zu schenken. Verbinde dich mit dem Karneol, lass seine Energie im Sakralchakra wirken, bedanke dich für seine Heilwirkung und genieße seine Wärme. Lass, wenn du so weit bist, das goldene Ei nun weiter sinken bis ins Wurzelchakra, wo sich alles auflösen darf, was dich daran hindert, dem Universum und dir selbst zu vertrauen. Lass die Energie des roten Jaspis und des Eis im Einklang wirken. Alle Ablagerungen und Verstrickungen dürfen sich auflösen. Verbinde dich mit der Energie der Erde, spüre die Unterlage, auf der du liegst.

Und nun lass das Ei bis tief hinunter zum Erdkern tauchen. Während es dort bei Mutter Erde verbleibt und sich mit ihrer Energie verbindet, ziehst du selbst nach und nach alle deine Wurzeln, die du zu Beginn der Meditation dort geschlagen hast, wieder zu dir zurück. Bleib noch eine Zeit lang liegen und spüre die Kraft der jeweiligen Kristalle in deinem System wirken. Bedanke dich bei ihnen und kehre ganz langsam wieder in dein Alltagsbewusstsein zurück.

Wenn es dir guttut, darfst du gähnen und dich recken und strecken. Du kannst nach der Meditation, wenn du magst, die Eindrücke, die du sammeln konntest, in ein Journal schreiben. Vielleicht hast du Farben und Bilder gesehen oder Botschaften erhalten, die für dich und dein Leben von Bedeutung sind. Nach der Meditation kannst du alle Kristalle energetisch reinigen und vorerst wieder weglegen.

In einer einfacheren Variante dieses Rituals stellst du dir vor, wie du bei deinen Atemzügen zuerst in dein Wurzelchakra atmest und es durch jeden Atemzug immer weiter geöffnet und mit Licht durchflutet wird. Dieses Vorgehen wiederholst du mit jedem weiteren Chakra. Die Methode soll dir helfen, deine Chakren ins Gleichgewicht zu bringen. Dieses Ritual empfehle ich in regelmäßigen Abständen durchzuführen, um deine Energien neu auszurichten.

Kapitel 2:

Schutzsteine – Gesunde Grenzen und Stabilität

Wie fremde Energien uns beeinflussen

Im Alltag kommen wir mit vielen Energien, die sich durch diverse Emotionen ausdrücken, in Berührung – sei es mit positiv empfundenen Energien wie Freude, Liebe, Frieden oder mit niedrig schwingenden Energien wie Neid, Wut, Hass. All diese Energien können auf verschiedenen Ebenen an uns kleben und uns im Alltag körperlich sowie emotional belasten. Um dem gut vorzubeugen, können wir mit Heilsteinen arbeiten und in bestimmten Ritualen dafür sorgen, dass wir niedrig schwingende Energien von uns abfließen lassen. Ich möchte zunächst auf verschiedene Aspekte des Selbstschutzes eingehen, denn oftmals benötigen wir den geschützten Raum für inneres Wachstum und ein klares Bewusstsein, um wohlbehalten durch unseren Alltag zu kommen. Rituale zum Schutz gibt es schon so lange, wie die Menschheitsgeschichte dauert. Wie beschrieben, haben die alten Ägypter und andere Hochkulturen Kristalle genutzt und dies nicht nur um sich zu schmücken oder ihre Macht zu demonstrieren, sondern vor allem auch für magische, transformierende Rituale. Es liegt an uns selbst, solch altes Wissen aus längst vergangenen Zeiten, angepasst an unsere eigenen kulturellen Voraussetzungen, in uns zu neuem Leben zu erwecken. Heilsteine können uns dabei helfen, unser eigenes Potenzial kraftvoll zur Entfaltung zu bringen.

Psychische Stabilität durch Heilsteine

Unsere geistige Stabilität ist eng an unsere Energiezentren, die Chakren, gekoppelt und kann mithilfe von Kristallen unterstützt werden. Ein Heilstein, den ich besonders gern für mein geistiges Wohlbefinden nutze, ist der Labradorit. Dieser schillernde Heilstein weckt in uns magische Potenziale und lädt mit seiner mystischen Erscheinung zum Träumen ein. Dem Labradorit wird nachgesagt, dass er ein Schutzstein ist, der uns auf unserem Lebensweg und in unseren magischen Ritualen unterstützen kann. Er fördert das Wachstum deines Bewusstseins und lässt dich, wenn du magst, tiefer in deine Träume eintauchen. Er kann negative Gedanken und Glaubenssätze in dir lösen und dich dadurch behüten und beschützen.

Es ist ein Gesetz des Lebens, dass unsere Gedanken unsere Realität kreieren. Wir ziehen oft das an, wohin wir unsere Gedanken lenken. Wenn wir uns mit unserem Sein mehr auf Negativität konzentrieren, werden wir unweigerlich diese negativen Umstände anziehen. Genauso verhält es sich mit positiven, hoch schwingenden Gedanken.

Den Labradorit kannst du nutzen, um an deinen inneren Themen zu arbeiten, dein inneres Kind zu heilen und dich selbst auf tiefster Ebene kennenzulernen. Dieser Stein kann dich auch darin unterstützen, deinen Geist zu beruhigen und dir bei ängstlichen Zuständen Kraft zu schenken. Ängste können uns lähmen und uns davon abhalten, unser Potenzial zu entfalten. Oftmals nehmen wir auch Ängste aus unserem Umfeld auf, die mit unserem Innersten gar nichts zu tun haben, uns aber dennoch beeinflussen. Deshalb ist es so wichtig, dass wir uns von fremden Einflüssen klar abgrenzen. Das ist mit den Kristallen und Ritualen möglich, die ich dir hier vorstelle. Ich liste neben den Haupteigenschaften der Steine auch auf, welchem Chakra, Sternzeichen und Element sie jeweils zugehören.

HEILSTEINE FÜR DEINEN SCHUTZ

Wenn es um energetischen Schutz geht, können uns folgende Heilsteine wundervoll zur Seite stehen: Amethyst, schwarzer Turmalin, Selenit, Rauchquarz, Labradorit, Prehnit, Tigerauge, Obsidian, Sodalith, Blue-Lace-Achat, Rubellit/pinker Turmalin, Bergkristall. Nicht alle in diesem Buch genannten Steine werden in meinen Auflistungen eigens porträtiert. Du findest die wichtigsten Informationen über sie an jeweils geeigneter Stelle.

AMETHYST

CHAKRA: Stirnchakra

STERNZEICHEN: Fische

ELEMENT: Luft

EIGENSCHAFTEN: Der Amethyst ist ein Mineral, welches zur Gruppe der Quarze gehört und in verschiedenen Fliedertönen vorkommt. Dieser magische und auf hoher spiritueller Ebene wirkende Kristall hat seinen Namen im alten Griechenland erhalten. Er bedeutet übersetzt so viel wie: »nicht vergiftet«. Im alten Griechenland wurde der Amethyst oft als Talisman getragen, um vor Trunkenheit nach dem Genuss von alkoholischen Getränken zu schützen. Sehr dunkle Amethyste sind besonders hochwertig und in ihrer Wirkung noch kraftvoller. Der Amethyst verbindet uns mit höheren Welten. Er öffnet das Stirnchakra und kann bei Stress Linderung verschaffen. Außerdem fördert der Amethyst den Schlaf, deshalb ist er gut geeignet, um ihn im Schlafzimmer aufzustellen und dort wirken zu lassen. Diesem Mineral wird nachgesagt, die Fantasie zu beflügeln, indem es Hemmungen und Blockaden in diesem Bereich löst. Für mich persönlich ist der Amethyst ein Must-have in jeder guten Steinsammlung.

SCHWARZER TURMALIN

CHAKRA: Wurzelchakra

STERNZEICHEN: Waage

ELEMENT: Erde

EIGENSCHAFTEN: Der schwarze Turmalin ist ein starker Schutzstein gegen negative Energie und soll uns vor bösen Absichten anderer schützen. Er schenkt unserem System Erdung und reinigt den Geist von trüben Gedanken. Daher ist er wunderbar geeignet für depressive Phasen in unserem Leben. Er schenkt uns den benötigten Halt und gibt uns Raum für Heilung. Er hilft uns außerdem, klare Grenzen zu setzen, für uns selbst einzustehen und in die Selbstermächtigung zu kommen. Des Weiteren schützt er uns vor elektromagnetischer Strahlung und kann für einige Rituale als Anker genutzt werden, indem wir ihn als Talisman tragen. Außerdem eignet er sich sehr gut fürs Büro oder den Schreibtisch, wo er die Strahlung unserer elektronischen Geräte neutralisieren hilft. Auch dieser Kristall ist meines Erachtens ein Must-have.

SELENIT

CHAKREN: Kronenchakra und Wurzelchakra

STERNZEICHEN: Stier

ELEMENT: Luft

EIGENSCHAFTEN: Selenit ist ein Mineral, welches mit seiner Energie Licht in unser Leben bringen soll. Er steht in tiefer Verbindung mit dem Reich der Engel und besitzt starke, reinigende Energien.

Außerdem ist der Selenit ein kraftvoller Schutzstein und tief verbunden mit der Magie des Mondes. Er wurde aufgrund seiner Verbundenheit mit diesem Himmelskörper nach der Göttin Selene benannt. Er ist nicht nur ein Lichtbringer, er reinigt auch deine Aura und beliebige Gegenstände. Hinzu kommt, dass er deine Schwingung erhöhen kann, wenn du ihn regelmäßig bei dir trägst. Er stärkt unsere mentale Klarheit und löst Energieblockaden. Auch dieser Heilstein darf in deiner Sammlung nicht fehlen.

RAUCHQUARZ

CHAKRA: Wurzelchakra

STERNZEICHEN: Skorpion und Steinbock

ELEMENT: Erde

EIGENSCHAFTEN: Der Rauchquarz gehört zu den Quarzgesteinen. Sein Erscheinungsbild kann von hellem Graubraun bis zu Dunkelbraun reichen. Dieser Schutzkristall stärkt uns, indem er uns unsere eigenen Grenzen aufzeigt und uns Mut macht, für sie einzustehen. Er kann uns mit seinen Energien Erdung schenken und bestärkt uns, nach innen zu schauen und unser wahres Wesen zu erkennen. Dieser Heilstein kann uns motivieren, unseren Verstand zu stärken und für unser Wohl zu nutzen. Er kann uns tiefen Frieden bringen, indem er uns hilft, negative Emotionen zu überwinden. Dieser Stein schafft Weitblick und lässt uns Möglichkeiten erkennen, zu neuen Sichtweisen zu finden.

LABRADORIT

CHAKRA: Stirnchakra

STERNZEICHEN: Löwe, Skorpion und Schütze

ELEMENT: Wasser

EIGENSCHAFTEN: Der Labradorit zeigt sich in schillernden Blau-Grün-Tönen und gehört zur Gruppe der Feldspate. Dieser Stein ist der perfekte Begleiter, wenn du deine Aura schützen und negative Energien oder böse Absichten von anderen von dir fernhalten möchtest. Wenn du also das Gefühl hast, jemand ist nicht ganz ehrlich zu dir, trage ein Amulett aus Labradorit bei dir. Dieses Mineral ist auch in der Lage, uns eine stärkere Verbindung zu unserem höheren Selbst zu schenken, und kann uns dabei helfen, tiefer in unsere Träume zu tauchen. Wenn wir träumen, reisen wir auf seelischer Ebene und bewegen uns im astralen Raum. Dort ist unsere Seele in der Lage, mit anderen Seelenaspekten zu kommunizieren und mit ihren Spirit Guides in Kontakt zu treten.

PREHNIT

CHAKRA: Herzchakra

STERNZEICHEN: Jungfrau

ELEMENT: Erde

EIGENSCHAFTEN: Der Prehnit zeigt sich in einem wunderschönen hellen Grün und ist ein kraftvoller Schutzstein in allen Lebenslagen. Diesem Heilstein wird nachgesagt, dass er den Heilenden heilt: »He heals the Healer!« Falls du also energetisch mit Klienten arbeitest, ist dieser Stein genau der richtige für dich, um dich in deinen eigenen Prozessen zu unterstützen. Der Prehnit ist der Stein der bedingungslosen Liebe, des Herzraums und der heilenden Herzenergie, die weiter reicht als die Energie des Gehirns. Sie ist eines der kraftvollsten Potenziale eines jeden Menschen. Der Prehnit kann dir helfen, die Verbindung zu deinem höheren Selbst zu stärken, deine Spiritualität weiterzuentwickeln und dein Vertrauen ins Leben wiederzufinden.

TIGERAUGE

CHAKREN: Wurzel- und Sakralchakra

STERNZEICHEN: Löwe und Steinbock

ELEMENTE: Feuer und Erde

EIGENSCHAFTEN: Das Tigerauge schimmert in einem goldbraunen Kleid. Es verleiht seinem Träger Schutz, Mut und Sicherheit. Dieser Heilstein hilft uns, klarer in unseren Entscheidungen zu werden und dadurch die richtigen Wege in unserem Leben einzuschlagen. Das Tigerauge kann auch sehr gut bei Manifestationsritualen eingesetzt werden, da es für Glück und Wohlstand steht und dies in unser Leben ziehen soll. Beim Tigerauge darfst du beachten, dass der direkte

Kontakt mit der Haut am besten vermieden werden sollte. Da er bei Kontakt mit Nässe schädliche Bestandteile absondern kann, halte diesen Kristall am besten auch von Kindern fern.

Ritual: Verhilf deinem Geist zu neuer Stärke

Dieses Ritual dient dazu, deine Gedanken positiver auszurichten und höher schwingende Gefühle in dir aufkommen zu lassen. Du kannst es regelmäßig durchführen, wenn du das Gefühl hast, dass du innere Ruhe benötigst. Jeder Ort ist dafür geeignet, an dem du ungestört bei dir sein kannst.

Du benötigst zwei Labradorite, die gut auf deine Handflächen passen – ich empfehle Palmstones, da sie sich schmeichelnd an deine Hände anpassen und nicht verrutschen können. Außerdem brauchst du Räucherwerk und Musik (optional).

Zur Vorbereitung beginne damit, auf achtsame Weise deine beiden Kristalle und den Platz, an dem du dein Ritual durchführst, energetisch zu reinigen, um einen heiligen Raum zu erschaffen. Nutze dazu am besten Räucherwerk wie Palo Santo oder Salbei. Wenn du möchtest, kannst du dir für dieses Ritual harmonisierende Musik auswählen, die dir hilft, tiefer in die Meditation zu gelangen. Du setzt am besten Kopfhörer auf, um der Musik ungestört zu lauschen und intensiver in dein Ritual einzutauchen.

Um zu beginnen, setze oder lege dich hin, so wie es sich für dich am besten und natürlichsten anfühlt. Richte deine Handflächen nach oben und lege in jede Hand einen Labradorit. Behalte die Steine für das gesamte Ritual in deinen Händen. Lade nun mit deinem ganzen Herzen all die für dich wichtigen Eigenschaften und Energien der Labradorite in dieses Ritual ein, um das volle

Potenzial der Heilsteine zu nutzen. Sei ganz entspannt und setze die klare Intention, deinen Geist in diesem Ritual stärken zu wollen, dich für ein neues Bewusstsein zu öffnen und Informationen, die wichtig für dich sind, zu empfangen.

Fange nun an zu meditieren, indem du dich auf deinen Atem konzentrierst. Komme innerlich zur Ruhe und lasse alle Verspannungen, die in deinem Körper sind, los, lockere deine Schultern, deinen Kiefer, deine Arme und Beine. Atme tief durch die Nase ein und durch den Mund wieder aus, um deinen Blutdruck zu senken und deinem Körper das Signal zu geben, dass er entspannen darf. Versuche, deine Gedanken ziehen zu lassen. Falls einige Gedanken wiederkehren, konzentriere dich erneut auf deinen Atem. Wenn du dich ganz entspannt fühlst, sprich folgende Worte:

»Ich bin behütet und beschützt vom Universum. Meine Gedanken sind voller Licht und Liebe. Mein Geist ist offen und mit hellem weißem Licht durchflutet. Ich bin Schöpfer*in meines Lebens und werde geführt von meinen Spirit Guides. Ich vertraue ins Leben und in mich selbst.«

Verweile, nachdem du diese Worte gesprochen hast, noch einige Zeit in der Meditation, lasse alle Eindrücke, die du bekommst, geschehen. Sei dir bewusst, dass du behütet und jederzeit sicher bist. Spüre, wie die Energie der Labradorite in deinem Energiefeld wirkt, wie sie sich ausbreitet und schützend um dich legt. Vielleicht bemerkst du ein Kribbeln auf deinen Handflächen. Verbinde dich intensiv mit den Eigenschaften der Kristalle und nimm sie ganz in dein Feld auf. Wenn du so weit bist und das Ritual beenden möchtest, bedankst du dich bei den Kristallen und dem Universum von ganzem Herzen und kommst ganz langsam wieder in dein Tagesbewusstsein zurück. Wenn du möchtest, kannst du die Eindrücke, die du gesammelt hast, schriftlich in einem Journal notieren.

Heilsame Grenzen setzen

Auf unserem Lebensweg werden wir immer wieder auf Situationen stoßen, die uns ungewollt beeinflussen, unseren Weg erschweren und uns belasten. Dies kann auf verschiedene Art und Weise zum Ausdruck kommen. Negative oder niedrig schwingende Energien können sich in unserem System festsetzen und dazu führen, dass wir uns energielos, emotional angeschlagen oder auf körperlicher Ebene schwach fühlen. Deshalb ist es umso wichtiger zu verstehen (und bewusst zu entscheiden), dass wir uns abgrenzen dürfen und sogar müssen, um in unser volles Potenzial zu gelangen und unser Leben freier und leichter zu leben. Abgrenzung von äußeren Faktoren ist in vielen Situationen wirklich notwendig, damit wir ganz bei uns blei-

ben und unsere Kräfte sparen können. Das ermöglicht uns, sie für die wichtigen Dinge, die unser Herz höherschlagen lassen, zu nutzen.
Ein Kristall, den wir gut dafür verwenden können, ist der schwarze Turmalin, der uns hilft, unsere Wohnung energetisch abzuschirmen. Wenn wir unsere Wohnung oder unser Haus energetisch schützen, wird dieser Ort zu unserem Sacred Space, einem heiligen Ort, an dem wir Kraft tanken und schöpferisch tätig sein können.

Ritual: Erschaffe dir deine sichere Good-Vibe-Festung

Für dieses Ritual benötigen wir mindestens vier schwarze Turmaline und vier Selenite, um unsere vier Wände in eine energetische Good-Vibe-Festung und einen Sacred Space zu verwandeln. Dieses Ritual benötigt kaum Wiederholung, da wir unsere Kristalle dauerhaft in unserer Wohnung oder in den einzelnen Räumen unseres Hauses platzieren, sodass sie ein energetisches Gitter bilden und uns perfekt vor äußeren Einflüssen schützen.
Vor dem Einsatz der Kristalle solltest du alle Räume deiner Wohnung oder deines Hauses zunächst räuchern. Nutze dafür beliebiges Räucherwerk. Nachdem alle Räumlichkeiten auf diese Weise energetisch gereinigt wurden, platzierst du in jeder Zimmerecke entweder einen Turmalin oder einen Selenit. Das Kristallgitter sollte so gestaltet werden, dass in einer Ecke ein Turmalin liegt, in der nächsten ein Selenit, in der darauffolgenden wieder ein Tur-

malin und so weiter, bis jede Ecke mit einem Kristall bestückt ist. Es gibt unterschiedliche kreative Möglichkeiten, wie du die Kristalle legst oder gegebenenfalls auch befestigst. Du kannst beispielsweise kleine Säckchen an die Wand hängen, um dort die Kristalle aufzubewahren, oder kleine Regale anbringen, um deine Kristalle optisch in Szene zu setzen.

Formuliere bei der Durchführung deines Rituals eine klare Intention, in der du um Schutz für deine Wohnräume bittest. Du kannst dabei mit deinen Spirit Guides oder dem Universum kommunizieren und während des Platzierens der Kristalle deinen Dank ausdrücken, indem du beispielsweise diese Worte sprichst: »Ich danke euch für euren Schutz.« Kristalle wirken sich nicht nur auf die Energie des Raumes aus, sondern beeinflussen auch dein eigenes Energiefeld. Die Kristalle verbinden sich über die Art ihrer Platzierung miteinander und bilden so ein energetisches Schutzschild für deine Räumlichkeiten. Lass die Kristalle so lange an ihrem Ort, bis du intuitiv weißt, dass sie ihre Arbeit für dich und dein Heim erledigt haben. Dies kann auch bis zu deinem Auszug sein. Mach dir also bitte keine Gedanken, wann du bei diesem Ritual die Kristalle von ihren Plätzen nehmen solltest. Du spürst es von selbst. Wenn du die Kristalle entfernst, kannst du diese gern unter Wasser vom Staub befreien. Das Gute daran ist, dass dabei gleichzeitig auch anhaftende Energien gelöst werden.

Ritual: Werde dir deiner Gefühle bewusst

Wie beschrieben, kreieren wir mit unseren Gedanken und Emotionen die eigene Realität und ziehen dementsprechende Ereignisse in unser Leben. Wenn wir uns viel mit negativen Gedanken beschäftigen, kreieren wir auch mehr negative Situationen in unserem Leben und umgekehrt. Dabei wirkt das Gesetz der Anziehung: Gleiches zieht Gleiches an. Deshalb ist es so wichtig, unseren Geist zu klären und alles, was nicht zu unserer reinen Essenz gehört, aus unserem energetischen System zu ziehen und ins Licht zu entlassen. Dies können wir ganz einfach ohne viel Aufwand und Vorbereitung tun. Ich nutze dafür gern den Bergkristall, da er für Klarheit steht und eine sehr neutrale, aber starke Energie besitzt. Der Bergkristall ist einer der wichtigsten Heilsteine und gehört zu den Master-Healer-Kristallen. Das sind Steine, die sich positiv auf dein ganzes System auswirken (Körper, Geist, Seele) und andere Kristalle in deren Eigenschaften verstärken. Der Bergkristall löst nicht dienliche Emotionen, fördert die Gelassenheit, begünstigt klare Gedanken, schenkt spirituellen Frieden und kräftigt die Aura. Er zählt zu den Anfängerkristallen und sollte in keiner Sammlung fehlen.

Für dieses Ritual benötigst du einen Bergkristall sowie Papier und Stift zum Schreiben. Für eine gemütliche Atmosphäre nimmst du je nach Bedarf etwas Heilsteinwasser oder Tee, ätherische Öle oder Räucherwerk, Blumen oder Früchte und eine Kerze für dich hinzu. So kannst du dich auf das Ritual einstimmen, deine Gefühle und Gedanken zentrieren und dir einen Sacred Space schaffen.

Bevor du mit dem Ritual beginnst, solltest du dich selbst energetisch reinigen, entweder mit Rauch oder mit einem Selenit. Falls du dich für die Reinigung mit einem Selenit entscheidest, streiche am besten mit ihm durch dein Aurafeld, um dort Energien zu lösen, die dir nicht dienlich sind.

Eröffne dein Ritual, indem du dich auf gemütliche Weise hinsetzt oder -legst. Nun atmest du drei Mal tief durch die Nase ein und durch den Mund wieder aus und formulierst laut deine Intention für dieses Ritual, wie beispielsweise: »Ich möchte mir über meine Gefühle klarer werden und emotionalen Ballast abwerfen.« Schließ nun deine Augen, leg deinen Bergkristall in deinen Schoß oder halte ihn in deiner Hand. Verweile einige Minuten in dieser Position und spüre die Energie des Bergkristalls in deinen Händen. Nimm wahr, wie sich die Energie immer weiter ausbreitet und nach und nach deinen gesamten Körper umhüllt. Visualisiere, wie die Energie um dich herumschwebt und anfängt zu leuchten. Atme das leuchtende Licht des Bergkristalls ein und spüre, wie die Klarheit und das Bewusstsein des Kristalls von deinem System aufgenommen werden. Sprich zu deinem Kristall und bitte ihn erneut um Klärung deiner Gedanken und Befreiung von emotionalen Blockaden. Spüre die pulsierende Energie und öffne langsam wieder die Augen, um all deine Gefühle aufzuschreiben.

Du kannst aufschreiben, welche Situationen dich in der letzten Zeit geärgert haben, was dich belastet oder verletzt hat, wofür du dankbar bist, was du in deinem Leben wertschätzt. Es müssen nicht immer nur negative oder blockierende Gedanken sein. Auch hoch schwingende und Licht bringende Emotionen dürfen in diesem Ritual beachtet werden. Lass dir beim Schreiben Zeit und nimm alle Gefühle, die in dir aufkommen, dankbar an. Verurteile dich nicht und unterdrücke auch deine Gefühle nicht, lass einfach alles fließen.

Nachdem du alles schriftlich formuliert hast, nimmst du deinen Bergkristall in beide Hände und visualisierst Dinge, Situationen, Menschen, für die du dankbar bist. Dankbarkeit ist eine der am höchsten schwingenden Frequenzen. Der Bergkristall wird dir dabei helfen, alles Gute in deinem Leben noch klarer vor dir zu sehen und deine Dankbarkeit noch tiefer zu spüren. Alles ist Energie, und diese Energie können wir beeinflussen. Die Reinheit und die Qualität unserer Gedanken wirken sich auf alles, was uns umgibt und was wir sind, aus. Wenn wir unsere Gedanken und Gefühle niederschreiben, sind sie aus unserem System geschrieben und beeinflussen uns nicht mehr so stark wie vor dem Schreiben.

Deshalb kannst du dieses Ritual täglich anwenden. Es ist ähnlich, wie Tagebuch zu schreiben, allerdings mit dem Fokus auf unseren Gedanken und Emotionen. Lass sie frei und schaff Platz für neue, hoch schwingende Gefühle.
Um das Ritual zu beenden, bedanke dich beim Universum und beim Spirit deines Kristalls.

Crystal Grid für weibliche Intuition: Das Auge der Isis

In manchen Phasen unseres Lebens fällt es uns schwerer, klare Gedanken zu fassen. Dann benötigen wir etwas Support vom Universum. Zu diesem Zweck können wir mit unseren Heilsteinen eine geometrische Legetechnik anwenden, ein Crystal Grid, welches wir zu Ehren der altägyptischen Göttin Isis legen. Isis ist besonders mit uns Frauen verbunden und auch für mich selbst sehr bedeutsam. Sie ist die Göttin aller Göttinnen und steht für Fruchtbarkeit und Weisheit. Um sie kennenzulernen, ist es sinnvoll, wenn du dich vorab etwas ausführlicher mit ihr beschäftigt hast. Dann kannst du sie im folgenden Ritual noch besser spüren. Die Arbeit mit ihr ist nicht nur Frauen vorbehalten, da jeder Mensch weibliche und männliche Energien in sich trägt. Crystal Grids sind wundervolle Werkzeuge, die die Kraft der Kristalle mit der heiligen Geometrie verbinden. Schon die alten Hochkulturen wussten um das Geheimnis der heiligen Geometrie und gingen davon aus, dass der Ursprung des Universums und des Lebens auf verschiedenen geometrischen Formen beruht. In Indien wurden Tempel nach dieser Geometrie erbaut und auch Skulpturen der Gottheiten weisen sie auf. Man kann diese Formen auch wunderbar in der Natur erkennen. Beispielsweise lässt ein Gänseblümchen die Blume des Lebens in ihrer Blütenstruktur erkennen, wenn wir sie näher betrachten.

Für dieses Grid habe ich mir Inspirationen aus dem Buch »Crystal Grids« von Dennis Möck-Ludwig und Anne-Mareike Schultz geholt und es um einen Amethyst ergänzt. Diesen benötigen wir als Schutz für unsere Gedankenwelt, außerdem möglichst dreizehn Bergkristallspitzen. Denn die Dreizehn ist die Zahl der Weiblichkeit und der weiblichen Energie, die schöpferisch, nährend, vertrauend, erdend und intuitiv ist. Isis verbindet uns mit den Eigenschaften der heiligen Weiblichkeit und schenkt uns zugleich klare Gedanken sowie einen tiefen Zugang zu unserer Intuition. Du benötigst auch eine Kerze, um das Element des Feuers zu integrieren.

Bevor du mit dem Ritual beginnst, vergiss nicht, deine Räumlichkeiten, die Materialien und dich selbst mit einem beliebigen Räucherwerk energetisch zu reinigen. Mit dem Räuchern hast du einen heiligen Raum eröffnet. Suche dir nun einen Platz, an dem dein Crystal Grid für einige Tage bleiben kann. Setze dich und schließe die Augen. Atme tief durch die Nase ein und durch den Mund wieder aus und bitte nun Isis, mehr Weitsicht, Klarheit und Intuition in dein Leben zu bringen. Die Begegnung mit Isis wird für jeden eine einmalige Erfahrung sein. Für mich war sie leuchtend und voller Liebe. Die Energie im Raum wird sich verändern, wenn die Göttin sich zeigt. Vielleicht spürst du ein Kribbeln, Geborgenheit, allumfassende Liebe und die Verbindung mit der Schöpfung. Wenn du die Anwesenheit von Isis bemerkst, beginne die dreizehn Bergkristallspitzen in der Form eines Auges anzuordnen. Verbinde dich beim Legeprozess immer intensiver mit der Energie von Isis. Jetzt legst du den Amethyst in die Mitte des Auges. Bitte Isis erneut um das Geschenk der Klarheit, die dir helfen möge, auf deinem Lebensweg ein Stück weiterzukommen. Vielleicht legst du als Gabe auch etwas Schönes auf das Crystal Grid, um die Kraft der Göttin zu ehren. Du kannst zum Beispiel Blumen dafür verwenden oder Früchte, beide sind als Energieausgleich gut geeignet. Lass das Crystal Grid dreizehn Tage lang an seinem Platz wirken. Danach darfst du die Kristalle energetisch reinigen, verstauen oder erneut für ein Grid nutzen.

Crystal Grid für Schutz: Das Auge des Ra

Dieses Crystal Grid ist formal angelehnt an das vorhergehende, dieses Mal mit der Intention, mehr Schutz in unser Leben zu rufen. Hier kommt der altägyptische Sonnengott Ra ins Spiel. Das Auge Ras ist ein Symbol für Schutz, Fortschritt, die Unzerstörbarkeit des Körpers und die Wiedergeburt. Als Sonnengott ist Ra kein Kind eines anderen Gottes. Er selbst ist der Ursprung, die Quelle der zentralen Sonne und des weiten unendlichen Universums.

Die Arbeit mit Göttern ist sehr kraftvoll und wirkmächtig. Daher ist auch dieses Grid hervorragend geeignet, um Schutz in unser Leben einzuladen und dankbar anzunehmen. Gern beschäftige dich auch hier im Vorfeld mit Ra und seinen besonderen Eigenschaften, um ihn besser kennenzulernen. Du benötigst Trommelsteine des schwarzen Turmalins und ein Tigerauge. Falls du Probleme hast, an Turmalin-Trommelsteine zu kommen, da dieser Stein schwierig zu ergattern ist, kannst du ausweichen auf Obsidian.

Bevor du beginnst, reinigst du wie gehabt den Raum, in dem du dein Ritual durchführst, deine Materialien und dich selbst energetisch mit einem beliebigen Räucherwerk. Danach setzt du dich an einen ruhigen Platz und atmest tief durch die Nase ein und den Mund wieder aus. Dies vollziehst du drei Mal. Danach führst du deine Hände gefaltet vor der Brust zusammen und bittest um den Schutz und die Kraft des Gottes Ra. Verbinde dich mit ganzem Herzen mit seiner Essenz. Wenn du ihn spüren kannst, ordnest du deine Turmalin-Trommelsteine in Augenform auf einem Brett oder einer anderen Unterlage und platzierst das Tigerauge in der Mitte. Ist das Grid vollständig, hältst du die Hände darüber, verbindest dich mit der Energie der Steine und lässt sie auf dich wirken.

Wie du bereits gelesen hast, ist überall Energie und verschwindet nie. Lerne daher, immer besser zu spüren und für die Energie empfindsam zu werden, die deine Kristalle ausstrahlen. Das Grid kannst du dreißig Tage lang in deiner Wohnung wirken lassen. Oder du baust es nach deinem Bauchgefühl wieder ab. Meist wissen wir intuitiv, wann es Zeit ist, Kristalle wieder wegzuräumen. Achte allerdings in diesen dreißig Tagen darauf, dass du dein Kristall-Grid immer mal wieder besuchst und dich mit seiner schützenden Energie verbindest.

Lass Trauer zu und finde neuen Lebensmut

Trauer ist eines der komplexen Gefühle, die jedem von uns in regelmäßigen Abständen im Leben begegnen. Wir trauern um vieles: über eine aktuelle Situation, in der wir vielleicht nicht glücklich sind, um die zerstörte Natur, den Verlust eines geliebten Menschen oder Tieres, einen verlorenen Arbeitsplatz, wegen Krankheit oder materieller Verluste. Das Spektrum dieses Gefühls stellt sich für jeden Menschen anders dar. Und was eine Person dabei genau wahrnimmt, wird im Kontext ihres individuellen Lebens ganz unterschiedlich bewertet. Was hingegen auf jede Art der Trauer zutrifft, ist, dass wir durch sie hindurchgehen dürfen, um sie zu transformieren und den Verlust zu integrieren. Wenn wir in niedrig schwingenden Emotionen stecken bleiben – was jedem Menschen im Leben passieren kann –, können diese unseren Körper, unsere Seele und unseren Geist nachhaltig beeinflussen. Wir dürfen unsere Trauer umarmen, ihr danken, um sie zu gegebener Zeit dem Licht anzuvertrauen und gestärkt den Weg des Lebens weitergehen zu können. Sei dir bewusst, dass du eingeladen bist, dies mit vollem Bewusstsein zu tun. Für solche niedrig schwingenden Frequenzen gibt es verschiedene Heilsteine, die wir nutzen können. Sie helfen uns, unsere Trauer zu bewältigen. Hierzu möchte ich dir mehrere Möglichkeiten aufzeigen und dich in dieser Phase ganzheitlich unterstützen. Die Heilsteine, die dich im Durchgang durch deine Trauer kraftvoll begleiten können, werde ich später noch genauer beschreiben.

Wenn wir gerade um einen geliebten Menschen trauern und ihm zugleich Licht ins Jenseits schicken wollen, ist dies möglich, weil wir auf verschiedenen Seinsebenen existieren. Wir sind multidimensionale Wesen, die sich untereinander verbinden können, auch wenn eine Seele keinen physischen Körper mehr besitzt. Ich möchte dir vorab sagen, dass du vor diesem Ritual keine Angst haben musst, denn du bist sicher und behütet und das auf allen Ebenden der Existenz. Wenn wir in Trauer sind und sie zu einem spürbar guten Teil schon überwunden haben, können wir die Rituale nutzen, die ich dir gleich beschreiben werde. Doch vorab möchte ich betonen, wie wichtig es ist, die Trauer wirklich schon eine Zeit lang zugelassen und durchlebt zu haben, indem du alles tust, was für dich in dieser Phase wichtig ist. Da du mit klaren Intentionen in die Rituale gehen möchtest, ist dies wirklich unerlässlich. Falls du jemanden verloren hast und die Beerdigung noch bevorsteht, kannst du einen kleinen Beutel mit Steinen befüllen, die dich intuitiv rufen, mit Kräutern und einem kleinen Brief an den Verstorbenen. All das gibst du ihm mit ins Grab. Dies haben Menschen schon immer getan. Solche Gaben drücken Wertschätzung aus und sind ein Geschenk für die letzte Reise eines abgeschlossenen Lebens.

Ritual: Gib einem Verstorbenen Licht und Liebe

Für diese schöne Zeremonie benötigst du Selenit-, Amazonit- und Rosenquarz-Trommelsteine, ein Foto des Verstorbenen, ätherisches Weihrauchöl und optional auch Kerzen. Den Selenit nutzen wir, um Licht und Schutz zu senden. Der Amazonit wirkt positiv auf das Gefühl der Trauer und des Kummers. Der Rosenquarz hilft dir, dem Verstorbenen Liebe zu senden. Das ätherische Weihrauchöl ist ein heiliges Öl, das sehr gut für spirituelle Zwecke geeignet ist und das wir uns für unsere Verbindung zu Verstorbenen zunutze machen können. Das Foto des Verstorbenen dient zur besseren Visualisierung.

Zur Vorbereitung nimmst du ein Salzbad, um dich energetisch zu reinigen. Danach räuchere die Wohnung und die Zutaten fürs Ritual, um einen heiligen Raum zu schaffen. Bereite dir in deiner Wohnung am besten einen kleinen Altar vor, an dem du dein Ritual durchführen möchtest. Altäre sind kleine heilige Schreine in deiner Wohnung, an denen du zum Beispiel deine Ahnen und ausgewählte Gottheiten ehren oder deine tägliche Meditation durchführen kannst. Du darfst deinen Altar mit allem bestücken, was dich in deinem Ritual unterstützen hilft. Am besten zündest du auch ein paar Kerzen an und platzierst das Foto des Verstorbenen in der Mitte des Altars. Um das Foto herum legst du all deine Trommelsteine. Danach gibst du einen Tropfen Weihrauchöl auf die linke Hand und zerreibst dieses, um es zu aktivieren. Danach inhalierst du das Öl, indem du beide Hände vor deine Nase und deinen Mund führst und drei tiefe Atemzüge nimmst. Gern darfst du auch auf dein Stirnchakra etwas Öl geben, um die Verbindung zur spirituellen Welt zu intensivieren.
Setze für dich nun die klare Intention, dich mit deinem geliebten Menschen, um den du trauerst, zu verbinden, und dass dies zum höchsten Wohle aller geschehen möge. Jetzt gehst du in die Meditation, hältst beide Hände über das Foto des Verstorbenen und lässt die aufsteigende Energie auf dich wirken. Beobachte, welche Emotionen hochkommen, und lass alle zu. Verurteile dich nicht. Es ist wichtig, Raum zu schaffen für das, was fließen möchte. Sei gut zu dir und spüre die tiefe Verbindung. Verstorbene sind meist gar nicht so weit entfernt, sie sind ganz nahe bei uns. Wenn du dich

bereit fühlst, sprich mit dem Verstorbenen entweder im Geiste oder laut. Sende ihm liebevolle Affirmationen und Wünsche. Sag ihm Worte, die du ihm schon immer mitteilen wolltest.
Es kann dabei vorkommen, dass du Nachrichten vom Verstorbenen erhältst, durch Farben, Worte, Gerüche oder Emotionen. Dies gehört zum Prozess und ist ein gutes Zeichen dafür, dass das Ritual wirkt. Verweile danach noch etwas in der Meditation und spüre eure Verbundenheit und Liebe, die ihr füreinander habt. Wenn du so weit bist, darfst du dich von deinem geliebten Menschen verabschieden und dich bedanken, dass er sich Zeit für eure Verbindung genommen hat. Umarme ihn zum Abschluss im Geiste und wünsche ihm das Beste.
Nachdem du das Ritual beendet hast, kannst du gern das Foto auf deinem Altar stehen lassen und einige Kristalle davorlegen. Die Energie der Kristalle verbindet sich mit dem Foto und auf diese Weise wird dem Verstorbenen immer wieder Energie durch den Spirit des Heilsteins gesendet. Sei dir bewusst, dass du dieses Ritual immer wieder durchführen kannst, wenn es dich ruft.

HEILSTEINE FÜR DEINE TRAUER

In unserem Leben werden wir immer wieder mit traurigen Verlusten konfrontiert. Folgende Heilsteine können uns im Prozess des Trauerns unterstützen: schwarzer Onyx, Amazonit, Schneeflockenobsidian, Lepidolith, Mondstein, Rhodonit, Rhodochrosit, Rauchquarz, Rosenquarz, Kunzit, Bergkristall.

SCHWARZER ONYX

CHAKRA: Wurzelchakra

STERNZEICHEN: Wassermann und Löwe

ELEMENT: Erde

EIGENSCHAFTEN: Der schwarze Onyx ist ein tiefschwarzer Heilstein, der in stressigen und mental fordernden Zeiten ein guter Begleiter ist, da er Stabilität ins Leben bringen kann. Auch bei leichten Depressionen kann er behilflich sein und sollte hierzu täglich im Aurafeld des Betroffenen getragen werden, beispielweise an einem Armband oder einer Halskette. Der schwarze Onyx kommt bei Ängsten und Sorgen gut zum Einsatz und hilft uns dabei, sie schneller zu überwinden. Zudem unterstützt er uns dabei, unsere Kräfte zu sammeln und wieder in unser Potenzial zu kommen und somit das Selbstbewusstsein zu stärken. Außerdem ist er wunderbar dazu geeignet, tief liegende Traumata zu lindern, sie in die Heilung zu bringen und ins Licht zu führen.

AMAZONIT

CHAKREN: Kehlchakra und Herzchakra
STERNZEICHEN: Wassermann
ELEMENT: Wasser
EIGENSCHAFTEN: Der Amazonit zeigt sich mit seiner türkis schimmernden Farbe und erinnert uns an das Karibische Meer. Dieser wunderschöne und erfrischende Kristall hilft deinem Geist, sich zu beruhigen. Er kann dich dabei begleiten, noch tiefer in dein Wesen einzutauchen und die Geheimnisse deines Unterbewusstseins ans Licht zu bringen. Mit ihnen kannst du dich mit seiner Unterstützung verbinden und somit mehr über deine Mission hier auf Erden erfahren. Da der Amazonit dem Kehlchakra zugeordnet ist, kann er dir helfen, deine Wahrheit auszusprechen und die Verbindungen und karmischen Verstrickungen, die auf deinem Kehlchakra liegen, zu lösen. Wenn du dich nach mehr Harmonie in deinem Leben sehnst, ist er der perfekte Stein für dich, da er sie durch seine einzigartige Frequenz in dein Leben ziehen kann. Dieser Heilstein kann dir dabei helfen, deinen Herzraum zu öffnen, womit deine Gefühle ausgeglichener werden können.

SCHNEEFLOCKENOBSIDIAN

CHAKRA: Wurzelchakra

STERNZEICHEN: Waage

ELEMENT: Erde

EIGENSCHAFTEN: Der Schneeflockenobsidian zeigt sich schwarz mit grauen Flecken, die aussehen wie Schneeflocken, wodurch er auch seinen Namen bekam. Dieser Kristall hilft uns, Körper, Geist und Seele wieder in Balance zu bringen und dadurch die Verbindung zur Schöpfung besser zu spüren. Denn die Verbindung von Körper, Geist und Seele ist tief mit der Dreifaltigkeit und dem Symbol der Pyramide verbunden. Der Schneeflockenobsidian kann uns dabei unterstützen, Blockaden in unserem Emotionskörper zu lösen. Außerdem hilft dir dieser Heilstein tiefer in die Meditation, wo du dich ganz und gar fallen lassen und die Botschaften deiner Seele empfangen kannst. Entspannung wird möglich und Stress löst sich aus unserem Feld.

Der magische Schneeflockenobsidian sorgt als Hoffnungsbringer für Licht in den dunklen Zeiten unseres Lebens.

LEPIDOLITH

CHAKRA: Kronenchakra
STERNZEICHEN: Waage
ELEMENT: Feuer
EIGENSCHAFTEN: Das Erscheinungsbild des Lepidoliths reicht von hellem Flieder bis zu dunklem Lila. Der Lepidolith kann uns dabei helfen, unsere Emotionen wieder in Balance zu bringen. In stressigen Zeiten, die uns viel abverlangen, kann der Lepidolith uns mit seiner entspannenden Frequenz sehr gut unterstützen. Dieser Heilstein kann zudem dazu genutzt werden, alte Wunden aus der Vergangenheit sowie aus zurückliegenden Partnerschaften in die Heilung zu bringen und uns zu zeigen, welche Lernaufgaben wir in diesen Phasen meistern durften. Der Lepidolith ist außerdem ein kraftvoller Stein, um uns den Zugang zu unserem höheren Selbst zu ermöglichen und diese Verbindung zu stärken, wenn wir ihn in der Meditation verwenden.

TRAUER LINDERN MIT EDELSTEINSCHMUCK

In Phasen der Trauer oder bei Depression können uns Heilsteine, die direkt am Körper getragen werden, sehr nützlich sein. Ich persönlich verwende besonders gern die Varianten des Amuletts und des Armbands, da diese an Körperstellen anliegen, die direkt mit unserem Herzen verbunden sind. Das Amulett kann direkt vor dem Herzen getragen werden, die Armbänder wirken durch den Puls auf das Herz und auf den gesamten Organismus.

Wir können uns auch immer wieder bewusst mit dem Heilstein und seinen Eigenschaften verbinden, wenn ein Gefühl der Trauer in uns aufkommt. Das ist auch unbeobachtet in der Öffentlichkeit möglich und sehr hilfreich, wenn uns die Trauer in Situationen überkommt, in denen es für uns unangenehm ist, beispielsweise in der Bahn oder beim Einkaufen. Hierzu nehmen wir das Amulett oder Armband in unsere Hand und verbinden uns im Geiste mit den Stärken des Heilsteins. Wir sagen ganz leise: »Mögen die positiven Eigenschaften dieses Steines in mein Herz fließen und mir Kraft schenken.«

Trauer kann uns unvermittelt immer wieder einholen. Das liegt auch daran, dass besonders Erwachsene oft nur in kurzen Zeitspannen trauern, um Erlebtes zu verabschieden und geliebte Menschen in Liebe gehen zu lassen. Ich durfte vor einiger Zeit ein Seminar über das Thema Trauer besuchen. Dort wurde es so ausgedrückt, dass wir Erwachsenen in Pfützen trauern und Kinder in Meeren. Dies bringt es mit sich, dass unsere Trauer von einem zum anderen Tag verschwinden, aber genauso schnell auch wieder aufkommen kann. Kinder trauern anders, sie trauern kompakter in einer bestimmten Zeitspanne. Wenn sie diese

Phase hinter sich lassen, schließen sie letztlich emotional ab. Ich erwähne dies, weil wir auch Kindern Heilsteine für ihre Trauer anbieten und ihnen damit helfen können, sie zu überwinden. Wir können ihnen einen Heilstein geben und erzählen, dass dieser Stein ihnen ganz viel Kraft schenken will, wenn es sich einmal so richtig traurig anfühlt. Für diese Phase in deinem Leben kannst du den Prehnit gut verwenden, da seine Energie wohltuend fürs Herz ist und dich auf sanfte Weise unterstützen kann, deine Trauer zu überwinden.

Finde Ruhe und innere Harmonie

Mit sich selbst und seiner Umgebung im Frieden zu sein, ist ein Geschenk des Universums an uns Menschen. Frieden und Ruhe liegen in uns allen. Wir können diesen Zustand sehr gut mit Stress reduzierenden Methoden erreichen, mit innerer Arbeit und Heilung unserer angeschlagenen Seelenanteile. Auf unserem Lebensweg werden wir immer wieder Herausforderungen begegnen, die unglaublich kräftezehrend sind und uns den

Boden unter den Füßen wegziehen. Umso wichtiger ist es, Frieden in uns selbst zu finden. Heilsteine können uns bei solchen Prozessen als kleine Helfer zu Seite stehen. Für mich ist es allerdings an dieser Stelle wichtig zu betonen, dass wir alles ganzheitlich betrachten sollten. Denn ein Kristall kann dich von sich aus weder heilen noch dich vom Stress in deinem System befreien, wenn du ihn einfach nur bei dir trägst. Wir selbst sind der Schlüssel zu unserer Heilung. Es kommt darauf an, dass wir aktiv werden und bewusst an uns arbeiten, all das ins Leben einladen, was uns wichtig ist, und Hinderliches umgekehrt verabschieden. Steine können wir dabei als Werkzeuge nutzen, die uns unterstützend zur Seite stehen.

HEILSTEINE FÜR DEINEN UMGANG MIT STRESS

In stressigen Zeiten können wir folgende Heilsteine nutzen, die uns energetisch, emotional und physisch unterstützen: Amethyst, Coelestin, Blue-Lace-Achat, Aquamarin, Topas, Rosenquarz, Rauchquarz, schwarzer Turmalin, Mondstein, Rhodonit, Lepidolith, Lapislazuli, Citrin, Tigerauge, Amazonit, Fluorit, Bergkristall.

COELESTIN

CHAKRA: Herzchakra

STERNZEICHEN: Waage

ELEMENTE: Luft und Wasser

EIGENSCHAFTEN: Der Coelestin ist ein Mineral, welches häufig in Drusen vorgefunden wird und eine hellblaue Erscheinung hat. Er bringt Ruhe und Frieden in unsere Gedanken. Er ist ein wundervoller Stein für sehr empfindsame Menschen und unterstützt sie in ihren Sorgen und Ängsten. Dieser Stein ist mit seiner sanften und beruhigenden Energie wunderbar dazu geeignet, ihn auf den Nachttisch zu stellen, damit wir einen ruhigen und angenehmen Schlaf haben. Er bringt uns zudem noch tiefer in unsere Traumwelt hinein. Der Coelestin hilft uns, die Verbindung zum Reich der Engel aufzubauen und mit den Erzengeln zu kommunizieren, die uns in verschiedenen Lebenslagen zu Hilfe kommen können. Er ist wirksam bei Depressionen, indem er unsere Stimmung aufhellt und Glückseligkeit ins Leben zieht.

BLUE-LACE-ACHAT

CHAKRA: Kehlchakra
STERNZEICHEN: Zwilling und Fische
ELEMENTE: Wasser und Luft
EIGENSCHAFTEN: Dieser Heilstein ist ein beruhigender und sanfter Stein und zeigt sich in einem hellen Blau. Er hilft uns in der Kommunikation mit anderen, nimmt uns Ängste in diesem Bereich und harmonisiert unser Kehlchakra. Der Stein ist in der Lage, Ruhe in unsere Gedanken zu bringen und Stress loszulassen. Außerdem kann er uns dabei unterstützen, dass wir ein stärkeres Selbstbewusstsein entwickeln. Er fördert unseren Willen, für uns selbst einzustehen.

AQUAMARIN

CHAKRA: Kehlchakra

STERNZEICHEN: Fische

ELEMENT: Wasser

EIGENSCHAFTEN: Der Aquamarin ist ein hellblauer Kristall. Er soll in uns das Gefühl von Frieden und Liebe aufkommen lassen und uns dadurch mehr Sicherheit bringen. Er ist in der Lage, die Intuition zu stärken und ihre Entwicklung zu fördern. Außerdem weckt er die damit verbundene Hellfühligkeit in unserem System. Dieser Stein fördert unsere Motivation und lädt Fülle in unser Leben ein. Er hilft uns, besser mit Traurigkeit umzugehen, stärkt das Mitgefühl zu anderen und hilft uns, geduldiger mit uns und unseren Mitmenschen zu sein. Der Aquamarin ist ein wunderbarer Stein, um Ängste in unserer Kommunikation mit anderen zu lösen und unseren Redefluss positiv zu beeinflussen.

TOPAS

CHAKREN: alle

STERNZEICHEN: Schütze

ELEMENT: Feuer

EIGENSCHAFTEN: Der Topas ist ein Kristall, der das Gefühl des Friedens spürbar in unser Leben einziehen lässt. Er hilft dem Geist, sich von stressigen Situationen zu erholen, und stärkt unser Selbstbewusstsein. Er animiert uns, eine tiefere Innenschau zu beginnen, damit wir uns unserer selbst bewusster werden. Wenn wir in einer Phase der Anspannung sind, hilft er uns, diese zu lösen. Er fördert das Gefühl der Freude. Wenn wir Klarheit in Situationen und Entscheidungen benötigen, ist dieser Stein eine gute Wahl. Der Topas hilft dir, dich selbst und Situationen, die du erlebst, gut zu reflektieren und gestärkt daraus hervorzugehen.

Ritual: Lass deinen Stress los

Für dieses Ritual benötigst du genügend Amethyste, um sie im Kreis um dich herumzulegen, ätherisches Lavendelöl und Meditationsmusik deiner Wahl. Räuchere deine Aura und deine Räumlichkeiten mit Salbei, Palo Santo oder Räucherstäbchen, um einen heiligen Raum zu erschaffen. Wähle darin deinen Platz für das Ritual und setze dich in den Lotus- oder Schneidersitz. Ordne nun deine Amethyste kreisförmig um dich herum an, gib einen Tropfen Lavendelöl auf deine linke Hand und verreibe das Öl, um es zu aktivieren. Du kannst es gern per Handinhalation einatmen und danach etwas Öl in Höhe deines Herzens auf der Haut auftragen. Dabei kannst du eine Affirmation wie die folgende sprechen, um dir klar zu sein, worum es geht: »Ich bin ruhig und ganz bei mir.« Atme danach am besten mehrfach tief durch die Nase ein und durch den Mund wieder aus, um deinen Blutdruck zu senken. Danach nimmst du einen Amethyst in die Hand und legst ihn vor dein Sakralchakra, am besten auf deine Hände, die du direkt in diesem Bereich auf den Schoß legst.

Begib dich nun in die Meditation und visualisiere deinen Lieblingsort. Das kann ein Ort in einem fernen Land sein, ein Platz im grünen Wald oder in den Bergen. Hier verweilst du in deiner Vorstellung, indem du dich dort hinsetzt oder -legst und dir dabei zusiehst, wie der Stress aus deinem Körper fließt. Lass all deine Anspannung los und gib sie dem Universum. Lockere deine Schultern, deinen Nacken, deinen Bauch, deine Arme. Verbinde dich dabei mit dem Bewusstsein des Kristalls und bitte ihn, dass er dir dabei behilflich ist, den Stress ganz aus deinem Körper auszuleiten. Lass die Kristalle und das Öl auf dich wirken. Spüre die Entspannung in deinem Körper und genieße die Reise, egal wohin dich dein höheres Selbst führt. Sammle neue Energie in deinem Herzen und lass diese nach unten in dein Wurzelchakra fließen. Stell dir vor, wie Wurzeln aus deinem Wurzelchakra wachsen, und spüre das erdende Gefühl, das dir Halt gibt und dich mit Mutter Erde und ihrer Energie verbindet. Spüre, wie du von Mutter Erde getragen wirst mit ganzer Liebe und Kraft. Lass dich treiben, hör auf den Klang deiner Musik, fühle, wo Stress gehen und wo Ruhe einkehren darf. Lass alles geschehen, lass alles los! Verweile so lange in deiner Meditation, wie du magst. Du darfst entspannen und deinen eigenen Garten wässern. Fühl dich umfangen von der universellen Energie und genieße diesen Moment der Ruhe. Wenn du bereit bist, wieder in dein Tagesbewusstsein zurückzukehren, zieh deine Wurzeln wieder in dein Wurzelchakra zurück, nimm drei tiefe Atemzüge und bedanke dich bei Mutter Erde und dem Bewusstsein des Amethysts und des Lavendels. Sie durften dir helfen und dir Halt geben. Öffne langsam deine Augen und streck dich. Vielleicht magst du etwas zu deinen ureigenen Eindrücken bei der Meditation in einem Journal notieren. Schreib dir alles von der Seele und leg anschließend die Kristalle an ihren Lagerplatz zurück.

Weitere Tipps zum Umgang mit Stress

Stress kann viele Ursachen haben und körperliche Symptome hervorrufen, wie Kopfschmerzen, einen unruhigen Magen, innere Unruhe, Schlafprobleme, Reizbarkeit. Hier können wir Kristalle ebenfalls einsetzen, um unser Energiefeld wieder ins Gleichgewicht zu bekommen. Wir können Kristalle auf die betroffenen Körperstellen legen oder kleinere Kristalle dort über mehrere Stunden mit einem Pflaster aufkleben. Der Amethyst ist beispielsweise sehr gut einsetzbar bei Schlafstörungen und Kopfschmerzen. Du kannst dich in die Meditation begeben oder einfach bequem hinlegen und einen kleinen Amethyst auf dein drittes Auge legen, um die Kopfschmerzen etwas zu lindern. Auch bei unruhigem Schlaf ist ein Amethyst gut geeignet, um ihn entweder auf den Nachttisch zu stellen oder unter dein Kopfkissen zu legen. Letzteres wird auch Pillow Talk genannt. Das kannst du ebenso mit jedem anderen Heilstein machen, der dich anzieht. Dies ist wirklich kraftvoll, da wir den Kristall während unseres Schlafes mehrere Stunden in unserem Energiefeld wirken lassen können.

Wir können Heilsteinrituale auch mit anderen Mitteln kombinieren, um unseren Stresspegel zu minimieren. Ich persönlich empfehle jedem, mit dem Meditieren zu beginnen und dies als tägliche Praxis in den Alltag zu integrieren. Meditation wirkt sich schon nach wenigen Minuten spürbar auf die Psyche des Menschen aus. Wir können uns dank der Meditation besser konzentrieren, tiefer in unsere Innenwelt blicken, unseren Blutdruck senken und die Verbindung zu unserem höheren Selbst leichter herstellen. Die Meditation ist für eine spirituelle Weiterentwicklung essenziell. Und alle Praktiken können wir mit magischen Kristallen noch verfeinern und verstärken. Genau deswegen sind Kristalle, und seien sie noch so klein, kaum wegzudenken auf deinem Weg der persönlichen Weiterentwicklung.

Prinzipiell kannst du jeden Kristall in deiner Meditation nutzen und auflegen, wo immer du magst. Du kannst Kristalle wie beschrieben um dich herumlegen oder als Crystal Grids für einige Zeit in deiner Wohnung wirken lassen. Hierzu suchst du dir Kristalle aus, die sich gegenseitig verstärken. Zum Thema Stressreduzierung könntest du beispielsweise Amethyst-Trommelsteine nutzen, Bergkristall, um den Amethyst zu verstärken, außerdem Rauchquarz für die Erdung und einen Turmalin zum Schutz.

Sei dir bei allen Praktiken bewusst, dass du nichts falsch machen kannst. Lass dich ganz von deiner Intuition leiten.

Ein Crystal Grid zu legen, ist nicht nur sinnvoll, um die kraftvolle Energie der Kristalle für sich nutzen zu können. Auch die Durchführung selbst ist eine Stress lösende Methode. Wenn wir in solch einem kreativen Modus sind und durch ihn leichter im Hier und Jetzt ankommen, gelangen wir zügig in einen Zustand, der dem einer Meditation nahekommt. Wir sind in diesem Prozess mit der Schöpferkraft verbunden und treten somit aus dem Stresszustand heraus, was sich sehr positiv auf unseren gesamten Organismus und unser Energiefeld auswirkt. Der dekorative Aspekt eines Crystal Grids ist allerdings auch nicht zu verachten. Das Grid kannst du auf einem Tisch legen oder auf einem Brett. Und du kannst es im Raum positionieren, wo es am besten seine Energie ausstrahlen kann. Nach dem Legen könntest du dich noch mit der Energie des Grids verbinden, indem du deine Hände darüberhältst. So kann die pulsierende Kraft der Steine durch die Handflächen in dein Energiefeld gelangen. Wenn du bewusst darauf achtest, wie sich Energie für dich anfühlt, wirst du sie schnell bemerken. Sie kann sich durch Schmetterlinge im Bauch oder Gänsehaut bemerkbar machen. Ich persönlich finde dieses Gefühl einmalig und magisch, denn hier kann man spüren, dass alles im Leben lebendige Energie ist und es mehr davon gibt, als uns klar ist. Ich denke, dies wird dir immer wieder bewusst werden, wenn du mit der Magie der Heilkristalle arbeitest und mit ihr in Berührung kommst.

Anregung: Trinke dein eigenes Heilsteinwasser

Um unserem Körper und unserem Energiefeld etwas Gutes zu tun, können wir unserer Wasserkaraffe Kristalle hinzufügen. Eine gute Hydration unseres Körpers ist auf allen Ebenen positiv. Das Wasser, das wir trinken, ist vom ursprünglichen natürlichen Wasser, das voller Lebensenergie steckt, leider oftmals weit entfernt. Doch wir können unser Wasser mit Heilsteinen und deren Energie perfekt anreichern. Heilsteine bestehen wie beschrieben aus verschiedenen Mineralien, die bei der Herstellung von Heilsteinwasser gelöst und ans Wasser abgegeben werden. Unser Körper benötigt täglich Mineralien und Spurenelemente, die auch nur in Kombination mit Wasser von ihm aufgenommen werden können.

Wichtig: Beachte, dass die Heilsteine ungefähr nur zehn Minuten im Wasser verweilen sollten, länger bitte nicht. Auch die Energien der Heilsteine gelangen ins Wasser, welche wir beim Trinken aufnehmen. Wir können das Wasser hierzu auch programmieren, indem wir eine passende Affirmation ins Wasserglas sprechen. Diese Praxis kannst du in jeder Phase und Situation deines Lebens anwenden. Du kannst sie nutzen, um ruhiger zu werden, um etwas zu manifestieren oder um Liebe in dein Leben einzuladen. Passe die Affirmation am besten daran an. Die übliche Basismischung aus Bergkristall, Amethyst und Rosenquarz reicht vollkommen aus, um dein Wasser zu energetisieren, da diese drei Kristalle über dieselbe molekulare Struktur wie Wasser verfügen. Die Kombination wirkt sehr harmonisierend auf unser System und ist deshalb ein Wasserstein-Must-have. Du kannst jeden Tag neues Heilsteinwasser für dich zubereiten und das bewusste Trinken in deinen Tagesablauf integrieren. Die zuträgliche Menge an Heilsteinwasser liegt bei einem bis eineinhalb Liter täglich, die über den Tag verteilt eingenommen werden. Allerdings ist auch zu beachten, dass die Kristalle regelmäßig gereinigt werden, um die ungesunde Vermehrung von Bakterien zu verhindern.

Kapitel 3:
Herzsteine – Liebe und heilsame Beziehungen

Liebe als universelle Kraft

Die Liebe ist die wohl mächtigste Energie im Universum. In jeder Zelle unseres Seins steckt diese wunderbare und magische Kraft, die uns am Leben erhält und unser Dasein verschönert. Die Liebe ist schöpferisch, zugewandt, warm und Licht bringend. Wir Menschen haben oft eine sehr romantische Ansicht in Bezug auf die Liebe, doch hat der Begriff Liebe eine große Bandbreite an Bedeutungen. Es gibt die partnerschaftliche, freundschaftliche, familiäre Liebe und die bedingungslose Liebe zu den eigenen Kindern. Außerdem gibt es die Liebe zur Natur, zu den anderen Geschöpfen dieses Planeten und die Liebe für unsere Mitmenschen. Hinzu kommt die Selbstliebe, die eng verknüpft ist mit der Selbstakzeptanz. Ohne diese beiden Aspekte wird uns das wahre Glück des Lebens verwehrt bleiben, da sie der Nährboden sind, aus dem alle anderen Arten der Liebe überhaupt erst bis zur vollen Blüte heranreifen können. Ohne die Liebe zu uns selbst können wir andere nicht so lieben, wie sie es verdient haben. Denn wenn wir nicht liebevoll sowohl unsere Schatten- als auch unsere Goldseiten umarmen, sind wir zu sehr mit Abwehr und Verteidigung beschäftigt und nicht mehr offen für andere Menschen. Wenn wir uns selbst lieben, werden verschiedene Prozesse in unserem Leben aktiviert, die uns auf allen Ebenen unseres Seins positiv unterstützen. Wir werden authentischer, strahlender und entwickeln zunehmend eine hoch schwingende Energie. Dies zieht automatisch Positives in unser Leben und genau dies ist so magisch an der Selbstliebe.

Es wurden schon Tausende Filme und Geschichten über die Liebe geschaffen. Die Liebe ist wundervoll und kann gleichzeitig so schmerzhaft sein. In genau dieser Situation können wir die Magie der Heilkristalle nutzen und uns von ihnen unterstützen lassen, Heilung, Selbstliebe und Selbstakzeptanz zu finden. Außerdem können wir mit verschiedenen Ritualen die Liebe in unser Leben ziehen, wenn wir dies möchten. Ich habe für diesen speziellen Themenbereich des Lebens einige Heilsteine für mich entdeckt, die ich dir ans Herz legen möchte.

In den spirituellen Praktiken dieses Kapitels wird der Rosenquarz sehr häufig vorkommen, da dieser Stein weit verbreitet und günstiger in der Anschaffung ist als die anderen Kristalle, die ich hier aufzähle. Der Rhodochrosit ist ein Stein, der relativ selten ist und recht hochpreisig, ebenso der Kunzit. Ich selbst nutze auch diese Steine, da ich schon meine Erfahrungen mit der Magie der Heilsteine sammeln durfte. Außerdem nehme ich hin und wieder Kristalle in meine Sammlung auf, die mittlerweile Seltenheit erlangt haben. Nichts auf dieser Welt ist physisch unendlich. Dies gilt auch für das Vorkommen der Mineralien und Kristalle. Die Minen dieser Welt werden stetig abgebaut. Wie beschrieben, dauert das Wachstum von Mineralien und Kristallen sehr lange. Zudem werden manche Kristalle auch nur an einem Ort der Welt abgebaut, was den Preis nochmals beeinflusst. Du kannst hier – wie bei allen anderen Ritualen, die in diesem Buch stehen – die für die einzelnen Themen relevanten Kristalle gern variieren, je nachdem, ob sie in deiner Sammlung vorkommen und für dein Bauchgefühl stimmig sind.

HEILSTEINE FÜR DEINE LIEBE UND DEINEN HERZRAUM

Die Kraft der Liebe in unserem Leben können wir mit diesen magischen Kristallen nähren: Rosenquarz, Rhodochrosit, Rhodonit, pinker Turmalin, Kunzit, grüner Aventurin, Prehnit, Amethyst, roter Jaspis, Karneol, Lapislazuli, Mondstein, Selenit, Bergkristall.

ROSENQUARZ

CHAKRA: Herzchakra

STERNZEICHEN: Stier, Waage, Zwilling

ELEMENTE: Erde und Wasser

EIGENSCHAFTEN: Der Rosenquarz ist ein Mineral, welches in den Farbnuancen von hellem Rosa bis hin zu tiefem dunklen Rosa/Violett vorkommen kann. Er ist schon seit der Antike der Stein der Liebe. Mit seiner sanften und weiblichen Energie hilft er uns, unseren Herzraum zu öffnen und die Liebe in unser Herz und unser Leben einzuladen. Der Rosenquarz kann uns dabei unterstützen, Liebeskummer zu überwinden, indem er das Herzchakra von Blockierungen befreit und den Fluss der Energien dort wieder aktiviert. Dieser Kristall vermag uns wieder ins Vertrauen zu bringen und ermutigt uns, uns dem Leben und anderen Menschen zu öffnen.

RHODOCHROSIT

CHAKRA: Herzchakra

STERNZEICHEN: Skorpion und Löwe

ELEMENT: Erde

EIGENSCHAFTEN: Der Rhodochrosit ist ein rosa- bis fleischfarbener Stein, der uns hilft, alte emotionale Wunden in die Heilung zu führen, damit wir wieder in die Selbstliebe finden und die Mauern um unser Herz sprengen. Dieser Stein kann dabei helfen, Freundschaften, die aus dem Gleichgewicht geraten sind, wieder in Balance zu bringen, und freundschaftliche Verbindungen zu stärken und zu harmonisieren. Der Rhodochrosit ist mit seiner sanften Energie ein Stein, der in der Lage ist, Freude in unser Leben zu ziehen. Er ermutigt uns, die Liebe einzuladen, zu empfangen und zu spüren.

RHODONIT

CHAKRA: Herzchakra

STERNZEICHEN: Stier

ELEMENT: Erde

EIGENSCHAFTEN: Der Rhodonit zeigt sich in verschiedenen Rosa- bis Rottönen und fordert uns auf, unsere einzigartigen Geschenke, unsere Gaben, die wir vom Universum erhalten haben, in die Welt zu schenken. Er ist mit bedingungsloser Liebe gefüllt und hilft uns dabei, in der Liebe die notwendige Erdung zu finden. Denn manche Menschen tendieren dazu, sich aus verschiedenen Gründen in einer Partnerschaft zu verlieren. Dieser Stein balanciert unsere Gefühle aus, wenn wir dies benötigen in Situationen, die emotional belastend sind. Der Rhodonit beruhigt und besänftigt unsere Seele mit freundlicher Energie, die uns Heilung sendet.

PINKER TURMALIN

CHAKRA: Herzchakra

STERNZEICHEN: Waage

ELEMENT: Wasser

EIGENSCHAFTEN: Der pinke Turmalin, auch Rubellit genannt, ist ein Stein, der uns unseren Selbstwert erkennen lässt und diesen stärkt. Außerdem werden ihm auch schützende Eigenschaften nachgesagt, die vor allem unser Herz von negativen Einflüssen abschirmen sollen. Der pinke Turmalin legt eine liebende Energie um schmerzhafte Erfahrungen, die wir in unserem Leben durchmachen mussten. Zudem ist er in der Lage, unsere Aura mit der Energie der Liebe und Freundlichkeit aufzuhellen und somit diese Energie auch mehr und mehr in unser Leben zu ziehen. Der pinke Turmalin mildert Depressionen und löst Ängste und Stress aus unserem System, damit wir bereit sein können, mit unserem ganzen Sein der Liebe entgegenzugehen.

KUNZIT

CHAKRA: Herzchakra

STERNZEICHEN: Widder, Löwe, Waage, Skorpion und Stier

ELEMENT: Wasser

EIGENSCHAFTEN: Der Kunzit ist ein seltener und kraftvoller Heilstein, der in uns die universelle Liebe zum Leben erweckt und uns mit ihr auf tiefster Ebene verbindet, unsere Zellen mit ihr anreichert und uns ins Strahlen bringt. Er stärkt unseren Herzraum und ermutigt uns, trübe Emotionen zu lösen und mit Heiterkeit aufs Leben zu blicken. Dieser Stein befördert Empathie und Verständnis für unser Gegenüber und uns selbst. Der Kunzit schafft eine Verbindung zwischen dem Herzen und dem Verstand und erhellt unsere Gedanken. Er fördert auch die Verbindung aller Chakren.

Ritual: Gestalte ein Zauberglas für deine Selbstliebe

Für dieses kleine Ritual stellen wir ein sogenanntes »Self Love Spell Jar« her, ein Zauberglas für die Selbstliebe. Wir benötigen ein verschließbares Schraubglas, Rosenquarz, eine kleine rote Kerze (Teelicht oder Kuchen-Geburtstagskerze), Lavendel, Zimt, Honig, Himalayasalz, Rosenblätter, Rosmarin, Zettel und Stift.
Wie immer räucherst du zunächst den Raum, die Materialien und dich selbst mit beliebigem Räucherwerk. Du kannst auch ein Salzbad nehmen, gibst dafür eine gut gefüllte Tasse Himalayasalz ins Wasser und badest für mindestens zehn Minuten. Danach sind alle fremden Energien aus deinem System entfernt.
Jetzt gibst du alle Materialien – außer der roten Kerze und dem Schreibzeug – in liebevoller Weise, besonders mit Blick auf dich selbst, in das Glas hinein. Stell dir vor, wie mit jeder Zutat noch mehr Liebesenergie ins Glas gelangt. Schreibe danach eine positive Affirmation auf den Zettel. Du kannst beispielsweise notieren: »Ich bin im liebevollen Einklang mit mir selbst.« Oder: »Ich bin reine Liebe und nehme mich so an, wie ich bin.« Jetzt faltest du den Zettel und gibst ihn mit hinein ins Glas, schließt den Deckel und befestigst die rote Kerze darauf mit etwas heißem Wachs. Entzünde die Kerze – möglichst mit einer anderen Kerze oder einem Streichholz – und sprich folgende Worte laut aus: »Heute bin ich frei, heute bin ich im Frieden mit mir! Ich bin Liebe. Ich bin liebenswert. Heute akzeptiere ich mich, so wie ich bin. Ich bin voller Licht und Reinheit!«

Danach lässt du die Kerze so lange brennen, bis die Flamme von selbst erlischt, und behältst sie im Auge. Das Glas kannst du mit dem gesamten Inhalt auf deinen Altar stellen und so lange dort lassen, wie es sich für dich richtig anfühlt.

Ritual: Bring dein Herzchakra ins Lot

Für dieses Ritual benötigen wir eine Badewanne. Denn wir möchten das Element Wasser reichlich für uns nutzen, um die Liebe in unser Herzchakra einzuladen und dieses energetisch wieder auszugleichen. Du benötigst eine Handvoll Rosenquarz-Wassersteine, weiße und rosa Kerzen, ätherisches Jasmin- oder Lavendelöl, Honig.

Zur Vorbereitung verteilen wir einzelne Rosenquarz-Wassersteine so in der mit warmem Wasser gefüllten Wanne, dass wir uns gemütlich hineinlegen können. Wenn wir zusätzlich in jeder Ecke Rosenquarze auf den Badewannenrand stellen, können wir ein energetisches Netz aufbauen, welches uns in die Schwingung der Liebe bringen darf. Die Kerzen stellen wir so auf den Rand, dass wir bequem in die Wanne steigen und uns gefahrlos hineinlegen können. Die Farben der Kerzen haben unterschiedliche Bedeutungen. Die weiße Kerze steht für spirituelle Verbindung, für Reinheit, die Verbindung zum höheren Selbst und zur Wahrheit. Die rosa Kerze steht für bedingungslose Liebe, Selbstliebe, emotionale Heilung und Freude. In das Badewasser gibst du einen Esslöffel Honig und zehn Tropfen des ätherischen Öles deiner Wahl. Du kannst auch beide Öle kombinieren, wenn du magst. Beide Öle sind dem Herzchakra zugehörig und helfen dir, es wieder in Balance zu bringen.

Wenn alles vorbereitet ist, steig in die Badewanne und leg dich entspannt ins Wasser. Nimm den Duft der Öle wahr und lass dich auf die Energie des Rosenquarzes ein. Wasser ist das Element der Emotionen; es hilft, uns zu öffnen und locker zu werden. Nachdem du dich auf die Düfte und die Energie eingestimmt hast, atmest du tief ein und ziehst in deiner Vorstellung beim Einatmen Energie aus dem Wasser in deinen Herzraum. Spüre, wie sich diese Energien dort bewegen, wie sie immer intensiver werden und deinen Herzraum ganz durchfluten. Bei Ausatmen visualisierst du, wie sich dein Herzchakra wie eine Blume immer weiter öffnet und seine Energie nach außen leuchten lässt. Dies wiederholst du drei Mal. Danach nimmst du wieder einen tiefen Atemzug durch die Nase und spürst in dich hinein: Welche Aspekte deiner selbst benötigen mehr Zuwendung und Liebe? Wo darfst du gut zu dir sein und wo darfst du Grenzen setzen? Reflektiere ein wenig über die Person, die du bist. Alle Emotionen, die aufkommen, sind willkommen. Du bist liebenswert, wie du bist. Wenn du magst, nimm ruhig einen Rosenquarz in deine Hand bei diesem Prozess und leg ihn auf dein Herzchakra. Lass die Energie des Steines wirken und genieße deine entspannte Zeit im Bad der Selbstliebe.

Anregung: Erzeuge dein Mondlichtwasser für nährende Liebe

Für dieses »Rezept« arbeiten wir mit der Macht und der Magie des Vollmonds. In den Tagen um diesen Zeitpunkt herum können wir Mondwasser herstellen, indem wir unsere Wünsche, Intentionen mithilfe der kraftvollen Energie des Vollmonds ins Wasser hineingeben. Wir unterstützen das Wasser mit Kristallen, um deren Essenz ebenfalls hineinzubringen und unser Vorhaben damit zu verstärken. Da wir mit diesem Wasser mehr Liebe in unser Leben ziehen möchten, nutzen wir solche Kristalle, die mit der Liebesenergie in Verbindung stehen. Du darfst dafür in dich hineinspüren und schauen, welche Art der Liebe in deinem Leben vermehrt werden darf. Für mehr Selbstliebe kannst du den Rhodochrosit nutzen, für Stärkung der Herzensenergie beispielsweise den Rosenquarz. Du kannst auch mehrere Steine kombinieren und den Bergkristall unterstützend hinzufügen.

Außerdem benötigst du ein breites Behältnis aus hellem, klarem Glas, das gut vom Mondlicht durchflutet werden kann. Du kannst auch im Handel erhältliche vorgefertigte Kristallglasstäbe verwenden oder ein Reagenzglas mit einer individuellen Mischung bestücken. Es gibt zwar die Möglichkeit, deine Wassersteine direkt ins Wasser zu legen. Allerdings ist es für dieses Mondlichtwasser erforderlich, sie über Nacht dort liegen zu lassen, weshalb ich dir empfehle, die Kristalle lieber im separaten Glasstab in das

Wasserbehältnis zu stellen. Die Energie der Kristalle wirkt auch ohne den direkten Kontakt mit dem Wasser.

Bevor du beginnst, entscheide dich für deine Kristalle und schau, an welchem Ort du das Glasgefäß mit deinem Wasser später ins Mondlicht stellen magst. Befülle nun dein gereinigtes Glasgefäß mit sauberem kaltem Wasser aus der Leitung. Lege deine Edelsteine in den Kristallglasstab. Nimm nun zunächst das Gefäß in die Hand und meditiere ein wenig mit ihm. Zentriere dich, atme tief ein und aus und visualisiere die Liebe, die du in dein Leben rufen möchtest. Wie schaut diese Liebe aus? Wie fühlt sie sich für dich an? Und wo darf sie sich in deinem System ausbreiten? Nun sprichst du eine Affirmation ins Wasser, um die Energie nochmals zu verstärken. Du kannst zum Beispiel diese Formulierung wählen: »Ich bin pure Liebe und strahle dies nach außen aus.« Sprich deine Affirmation drei Mal hintereinander, visualisiere, wie das Wasser damit aufgeladen wird. Nun stell das Glas ins Licht des Mondes und lass es über Nacht dort baden. Am nächsten Morgen darfst du das Wasser mit all seinen Programmierungen und neuen Energien trinken – entweder innerhalb eines Tages oder auch über mehrere Tage verteilt. Ich persönlich nutze das Wasser gern direkt am Tag der Fertigstellung, um das volle Potenzial auf einmal zu haben. Wenn du möchtest, kannst du beim Trinken die Affirmation in Gedanken erneut aufsagen. Das Mondwasser können wir auch unseren Pflanzen oder Haustieren geben, um sie zu unterstützen und etwas Liebe zu verschenken.

Anregung: Gestalte deine Self Love Spell Candle

Kerzen sind wundervolle magische Werkzeuge, die wir auch selbst herstellen können. Für diese spirituelle Praxis benötigst du folgende Materialien: circa 400 Milliliter Sojawachs, Docht, ein Gefäß für das verflüssigte Kerzenwachs zur Herstellung einer Kerze von etwa zehn Zentimetern Höhe, rosa Wachsflöckchen zum Färben, kleine Rosenquarzkristalle, Rosenblätter, Lavendelöl. Sojawachs ist eine sehr gute Alternative zu herkömmlichem Wachs, da es beim Verbrennen keine Schadstoffe an die Luft abgibt. Außerdem ist es leicht zu verflüssigen und deshalb bestens für die eigene Kerzenherstellung geeignet. Halte dich beim Schmelzen bitte an die Angaben des Herstellers.

Du beginnst damit, alle Materialien und dich selbst mit einem beliebigen Räucherwerk zu reinigen. Danach fang an, das Wachs zu schmelzen und zu färben. Gib das Öl hinzu, wie es vom Hersteller empfohlen wird. Beim Verrühren der Flüssigkeit sprich folgende Worte: »Ich bin vollkommen, ich bin aus reiner Liebe und strahle sie aus.« Danach gibst du das Wachs in das mit dem Docht vorbereitete Gefäß und sprichst genau dieselben Worte wie beim Verrühren des Wachses. Wenn das Wachs etwas erhärtet ist, gibst du auf die Oberfläche ein paar Rosenblätter und die Rosenquarzkristalle. Falls das Wachs bereits zu fest geworden ist, kannst du es ganz leicht mit einem Föhn verflüssigen und die Materialien auf die Oberfläche legen.

Lass die Kerze zwei Tage stehen. Danach kannst du sie jeden Tag mit einem Streichholz anzünden und dabei dieselben Worte wie bei der Herstellung der Kerze sprechen. Die Kerze kannst du natürlich auch auf deinen Altar stellen und Liebesrituale aller Art mit ihr durchführen. Die Reste der Kerze kannst du jeweils wiederverwenden für neue Liebeskerzen. Damit entlastest du zu guter Letzt auch die Umwelt.

Crystal Grid: Bring die Kraft der Liebe in dein Zuhause

Bei dieser Technik wollen wir ein Kristallgitter auf einer flachen Unterlage, zum Beispiel einem Teller, anordnen und es dort für dreißig Tage liegen lassen. Das Grid soll alles Negative aus deinem System ziehen, das in Verbindung mit der Liebe steht. Das Legen eines solchen Gitters ist etwas ganz Besonderes und Schöpferisches. Wir gelangen in den gegenwärtigen Augenblick und lassen unserer Kreativität freien Lauf.

Du benötigst folgende Materialien: Rosen, Rosenquarzkugel, vier Bergkristall-Doppelender, vier Rosenquarz-Rohsteine, eine kleine Handvoll gemischter Splittersteine aus Bergkristall und Rosenquarz. Überleg dir einen Platz für dein Grid, den du jeden Tag im Blickfeld hast, damit du dich unkompliziert immer wieder mit seiner Energie verbinden kannst. Du kannst das Grid auch gern direkt auf deinem Altar legen und es dort wirken lassen. Optional

kannst du währenddessen Musik hören, welche dich auf die Frequenz der Liebe einstimmt.
Du beginnst, indem du dich selbst, alle Materialien und den Platz, an dem du das Grid legst, energetisch reinigst. Sammle dich nun innerlich durch bewusstes Atmen und lade die Energie der Liebe in den Prozess des Legens ein. Beginne mit dem Mittelpunkt des Grids und platziere dort die Rosenquarzkugel. Verteile die kleinen Splittersteine im Kreis darum herum. Danach folgen die vier Bergkristall-Doppelender. Diese werden so platziert, dass sie in alle vier Himmelsrichtungen zeigen, nach Norden, Osten, Süden und Westen. In die Lücken zwischen den Kristallspitzen werden vier Rosenquarz-Rohsteine gelegt und in jedes freie Feld zusätzlich eine Rose. Beim Legen des Grids darfst du dich gern mit der Energie der Liebe verbinden. Du darfst sie vor deinem inneren Auge visualisieren und spüren, wie sie sich in deinem Körper anfühlt. Es ist wichtig, dass wir bei solchen rituellen Praktiken das Gewünschte bewusst erleben, es fühlen und vor unserem inneren Auge sehen, um es letztlich in unser Leben zu ziehen. Lade bewusst die Liebe in dein Leben ein, bitte deine Engel, dir dabei zu helfen, sag ihnen, dass sie dir in diesem Bereich deines Lebens zur Seite stehen dürfen.

Unsere Engel und Geistführer greifen ohne unsere Erlaubnis niemals in unser Leben ein. Deshalb dürfen wir sie bitten und ihnen bewusst erlauben, uns zu helfen. Bedanke dich gern bei ihnen für ihre Hilfe. Lass das Grid, nachdem es fertiggestellt wurde, dreißig Tage an seinem Platz.

Ritual: Bring deine Yoni zum Leuchten

In diesen beiden Ritualen kümmern wir Frauen uns um die heilige weibliche Energie in uns, die mit der heiligen männlichen Energie zusammenklingt. Die heilige weibliche Energie zeichnet sich durch folgende Qualitäten aus: Warmherzigkeit, Empathie, Intuition, Vertrauen, Hingabe, Empfängnisbereitschaft, Weisheit, Vergebung, Gemeinschaftssinn, Kreativität, Freundlichkeit, Sinnlichkeit und Genuss, Vornehmheit und Zartheit, Heilung.
Wir können all diese Aspekte in uns wieder zum Leuchten bringen, sollten sie verloren gegangen oder verletzt worden sein, ganz besonders auch mit Praktiken, wie ich sie hier beschreibe. Auf diese Weise widmen wir uns intensiv uns selbst, entfalten spielerisch unsere Kreativität und erschaffen etwas Neues und Heilsames in unserem Leben. Um das verletzte Zentrum der Weiblichkeit wieder in Balance zu bringen und uns wieder dem reinen, schöpferischen Fluss unseres Lebens anzuvertrauen, dürfen wir unserem Schoßraum, unserer Yoni energetische Heilung schen-

ken. Der Begriff Yoni stammt aus dem Sanskrit und ist der Name für alle weiblichen Geschlechtsorgane. Die Yoni ist der Sitz unserer Schöpferkraft. Wir können mit ihr neues Leben erschaffen oder neue Projekte starten, indem wir uns mit ihrer heiligen weiblichen Energie innig verbinden.

Auch dafür lassen sich Kristalle gut nutzen. Hier kann ein Yoni-Ei deiner Wahl zum Einsatz kommen, zum Beispiel aus Rosenquarz. Aber du kannst dich auch für andere Kristallarten entscheiden, die energetisch auf deinen Schoßraum wirken dürfen.

Ein Yoni-Ei bringt dich wieder in die Verbindung mit deinem weiblichen Kraftzentrum. Solche Kristalleier haben verschiedene Größen, die wir individuell auswählen. Da jede Yoni anders geformt ist und so einzigartig wie ihre Besitzerin.

Die Energie des Yoni-Kristalls kann alte energetische Verbindungen zu früheren Sexualpartnern lösen oder schmerzhafte Traumata in die Heilung führen. Yoni-Eier eignen sich auch gut, um nach einer Fehlgeburt die Energie der Yoni durch mehrmaliges Tragen wieder ins Gleichgewicht zu bringen. Das Ei wirkt nicht nur energetisch. Es beeinflusst auch die Beckenbodenmuskulatur positiv, die gestärkt wird, wenn die Yoni sich um das Kristallei schließt, um es zu halten.

Wenn du ein passendes Yoni-Ei aus dem Kristall deiner Wahl gefunden hast, benötigst du viel Zeit für dich und deinen Schoßraum. Wie immer schaffst du zuvor einen heiligen Raum durch Räuchern, sanftes Licht und Kerzenschein. Für dieses Ritual kannst du meditative Musik abspielen, dich tief entspannen, wenn nötig, ein wenig Öl dazunehmen (Kokosöl kann ich empfehlen) und dich mit dem Yoni-Ei beschäftigen, indem du es zunächst in deinen Händen hältst, dich mit seiner Energie verbindest und es schließlich sanft in deine Yoni einführst. Nutze zu Beginn bitte erst ein Ei mit einem Band, um es später wieder bequem entfernen zu können. Du darfst dich zum Einführen gern hinlegen und dich danach in den Lotussitz begeben. Spüre die Präsenz des Eies in dir und beginn zu meditieren. In der Meditation kannst du dich gedanklich mit der heiligen Weiblichkeit verbinden und sie darum bitten, verletzte Aspekte in dir auf die beste Art und Weise und zum Wohle aller in die Heilung zu bringen. Du darfst dir vorstellen, wie alle negativen Energien aus deinem Schoßraum fließen und dieser sich mit warmem orangefarbenem Licht anfüllt. Jetzt male dir aus, wie das orange Licht deine Yoni von vergangenen Verstrickungen mit Sexualpartnern erlöst oder alte Schmerzen liebevoll durchflutet, bis dir deine ganze Energie wieder vollständig zur Verfügung stehen darf. Nimm dir dazu alle Zeit, die du benötigst. Falls Emotionen in dir aufkommen, spüre sie und lasse sie zu. Spüre die Verbundenheit mit deinem Schoßraum und welche wundervolle Kraft in ihm liegt. Wenn du bereit bist, die Meditation ausklingen zu lassen, bedankst du dich bei der weiblichen Energie und dem orangefarbenen Licht. Du darfst natürlich auch etwas länger mit dem Yoni-Ei verweilen, bis es für dich angenehm ist, wieder in dein Tagesbewusstsein zurückzukehren. Danach entfernst du das Kristallei aus deiner Yoni, reinigst es behutsam mit Wasser, entfernst das Band und legst es am besten in ein dafür vorgesehenes Säckchen oder eine kleine Schachtel.

Eine Variante, um die Energien im Schoßraum wieder in Balance zu bekommen, ist das Nutzen eines Kristall-Sextoys. Ich nenne diese Art des Sextoys liebevoll »Witchy Toy« (Hexenspielzeug). Das Gute an einem Witchy Toy ist seine Fähigkeit, mit der bei seiner lustvollen Anwendung freigesetzten Energie des Orgasmus die Energie des Kristalls und des gesamten Energiefelds des Körpers zu verstärken. Er ist sehr kraftvoll, um Heilungen in diesem Bereich zu ermöglichen und Erfahrungen, die wir hier gesammelt haben, umzuprogrammieren. Manch einer Frau wird der Gebrauch eines solchen Witchy Toys vielleicht seltsam erscheinen, da eher herkömmliche Spielzeuge genutzt werden, die auch ihren Reiz besitzen. Kristalldildos haben allerdings einen weiteren Nutzen auf der energetischen Ebene. Bevor wir den Kristall verwenden, können wir ihn so programmieren, dass er bei Gebrauch seine energetische Wirkung voll entfaltet. Hierzu reinigen wir den Kristall am besten mit Wasser und Seife. Das löst nicht nur Bakterien und Schmutz, sondern auch energetische Verunreinigungen aus dem Kristall. Danach nehmen wir den Kristall mit beiden Händen, führen sie vor die Brust und sammeln dort unsere Herzensenergie. Wir sprechen eine klare Intention aus, wie beispielweise: »Hiermit löse ich alle negativen Energien in meinem Schoßraum.« Wenn dies geschehen ist, leitest du gedanklich die Energie aus deinem Herzraum durch beide Arme und schließlich durch deine Hände in den Kristall. Du lässt die Energie so lange fließen, bis du intuitiv weißt, dass du aufhören kannst, Energie in den Kristall zu leiten. Nachdem der Kristall so aufgeladen wurde, kannst du mit ihm arbeiten. Bitte beachte, dass du behutsam im Umgang mit dem Kristall in diesem Bereich sein solltest, da er nicht so flexibel ist wie andere Toys. Lass beim Höhepunkt deiner Energie freien Lauf und unterdrücke sie nicht. Lade mit ihr deinen gesamten Körper auf und lass die Kraft des Orgasmus in dir arbeiten. Sie ist heilsam und löst Blockaden in deinem System. Auch ohne den Höhepunkt des Orgasmus wird der Kristall seine heilsame Wirkung in deinem Schoßraum entfalten. Lass dir Zeit und experimentiere geduldig weiter. Ich wünsche dir dabei viel Freude und eine sprudelnde Fülle weiblicher Energie.

HEILSTEINE DER HEILIGEN WEIBLICHEN ENERGIE

Zur Unterstützung der weiblichen Energie in uns und zur Aktivierung unserer Göttin können wir folgende Heilkristalle nutzen: Mondstein, Karneol, Kirschblütenachat/Chalcedon, Citrin, Amethyst, roter Jaspis, Selenit, Rosenquarz, Rhodochrosit, Labradorit, Rubin, Bergkristall.

MONDSTEIN

CHAKREN: Wurzelchakra, Sakralchakra und Kronenchakra
STERNZEICHEN: Krebs und Fische
ELEMENTE: Luft und Wasser
EIGENSCHAFTEN: Der Mondstein ist der ultimative Stein der Weiblichkeit und der Frauen. Er wirkt sich positiv auf deren Hormonhaushalt aus und ist eng mit dem Mondzyklus verbunden. Der Mondstein ist sehr hilfreich, um deine Intuition zu trainieren und dich mit deiner weiblichen Seite zu verbinden. Er hilft dir, dich selbst und Situationen, in die du geraten bist, zu reflektieren. Durch die gewonnenen Erkenntnisse darfst du gestärkt daraus hervorgehen. Er kann dich unterstützen, kraftvoll durch schwierige emotionale Zeiten zu gehen, und gibt dir Halt.

KARNEOL

CHAKRA: Sakralchakra

STERNZEICHEN: Löwe

ELEMENT: Feuer

EIGENSCHAFTEN: Der Karneol steht in Beziehung mit den körperlichen Aspekten der Weiblichkeit, da er eng mit dem Sakralchakra verbunden ist, das nah bei den Geschlechtsorganen liegt. Dieser Stein kann beispielsweise bei Menstruationsbeschwerden behilflich sein, wenn du eine stärkere Blutung einleiten oder dein PMS lindern möchtest. Hierzu kannst du den Stein auf deine Gebärmutter legen und für einige Zeit wirken lassen. Der Stein fördert außerdem deine Kreativität und die Motivation, dein Leben zu verändern. Der Karneol ist der perfekte Stein, um die heilige weibliche Energie in dein Leben einzuladen, noch attraktiver zu wirken und liebevolle Beziehungen in dein Leben zu rufen.

KIRSCHBLÜTENACHAT/CHALCEDON

CHAKREN: Herzchakra, auch Kehl-, Solarplexus- und Wurzelchakra
STERNZEICHEN: Zwilling
ELEMENT: Wasser
EIGENSCHAFTEN: Der Kirschblütenachat oder auch Kirschblüten-Chalcedon hat eine sehr sanfte und weibliche Energie. Dieser Stein hilft dir bei jeder Art von Neubeginn, sei es eine Beziehung, ein neuer Job oder beim Aufbau deines eigenen Business. Er unterstützt dich mit seiner Transformationsenergie beim Manifestieren deiner Träume. Dieser Stein hilft dir dabei, in dein höchstes Potenzial zu kommen und von innen heraus zu strahlen und zu blühen.

Ritual: Verbinde dich mit der Göttin Venus

Die Göttin Venus ist nach der griechischen Mythologie die Göttin der Schönheit, der Liebe, der Verführung und der sinnlichen Reize. Wenn wir uns mit dem Archetyp der Göttin verbinden, um mit ihrer Hilfe Liebe in unser Leben zu rufen, bedarf es ein wenig der Vorbereitung. Wir können der Göttin Venus einen Altar in unseren Räumlichkeiten vorbereiten mit allem, was Venus liebt, wie beispielsweise Muscheln, Wasser, Blumen und Kristalle. Venus ist im Meeresschaum geboren. Ihre Herkunft ist daher das Element des Wassers, Muscheln und Wasser symbolisieren die Quelle der Göttin. Als Venus aus dem Wasser stieg und auf dem Land wandelte, regnete es Rosen, Symbol der Liebe und Reinheit. Daher nutzen wir zur Ehrung von Venus Rosen. Zur Intensivierung können wir einige Kristalle verwenden, wie Selenit, Rosenquarz und Kirschblütenachat. Die Vorbereitung des Altars geschieht aus reiner Liebe und purer Intuition. Wir verbinden uns dabei mit der heiligen weiblichen Energie und der Kraft der Göttin.

Wie immer werden alle Materialien mit einem beliebigen Räucherwerk energetisch gereinigt. Danach bestücken wir den Altar mit Muscheln, Blumen und Kristallen, so wie wir es für richtig erachten. Die Kristalle und die Blumen symbolisieren das Element der Erde. Zusätzlich können wir zur Ehrung von Venus auch ein Bild oder eine Figur der Göttin auf den Altar stellen und Kerzen anzünden, um das Element des Feuers hinzuzufügen. Kleiner Tipp: Nutze am besten Teelichte mit einer geringen Brenndauer oder Kuchen-Geburtstagskerzen, so brennen die Kerzen bis zum Erlöschen keine gefühlte Ewigkeit. Ein mit Wasser gefülltes schalenförmiges Glas oder Kristallglas darf auf dem Altar nicht fehlen. Wenn alle Materialien dort versammelt sind und du die Kerzen mit Streichhölzern angezündet hast, begib dich in die Meditation und rufe die Energie der Venus herbei. Lass deine Verbindung zum Göttlichen erwachen, sinke in deiner Meditation immer tiefer in diese und lass alles auf dich wirken. Die Arbeit mit Göttinnen ist sehr kraftvoll. Bitte wünsche dir alles, was dein Herz begehrt, doch nur zum Wohle aller. Schade niemals jemandem damit. Wenn du bereit bist, kannst du in der Meditation deine Wünsche an Venus richten. In der Meditation kann es vorkommen, dass dir Bilder, Farben oder Wörter zufallen, nimm sie an und schreib sie später auf. Dies kann dir helfen, die Botschaft der Göttin besser zu verstehen. Wenn du deine Meditation beendet hast, bedankst du dich bei Venus und lässt die Kerzen bis zum Erlöschen brennen. Den Altar lässt du so lange bestückt, bis dir Venus durch deine Intuition mitteilt, dass es an der Zeit ist, etwas

anderes in dein Leben zu lassen. Bis es so weit ist, kannst du dich immer wieder vor dem Altar in die Meditation begeben, wie du es für richtig erachtest.
Wir können uns prinzipiell mit allen Göttern und Göttinnen verbinden und mit ihren Energien arbeiten. Allerdings sollten wir uns vorher gut mit ihren Energien auseinandersetzen. Denn jedes Ritual benötigt einen Energieausgleich beziehungsweise eine Gabe, die wir den Göttern und Göttinnen in unserem Ritual schenken können. Bei Venus sind es die Blumen und Muscheln.

Ritual: Verbinde dich mit Mutter Natur

Dich mit Mutter Natur zu verbinden, ist die beste Art, dich zu erden und neue Energie zu sammeln. Erdung ist unglaublich wichtig in der spirituellen Praxis. Denn wenn wir in unserer Ausrichtung zum Göttlichen so häufig in unseren obersten Chakren aktiv sind, ist die Rückkehr zu Mutter Erde essenziell. Wir können diese Verbindung mit Kristallen unterstützen, indem wir beispielsweise einen unserer liebsten Kristalle auf einen Spaziergang mitnehmen, ihn mit der frischen Luft oder mit fließendem Wasser in Kontakt bringen und somit auch ihn zu seinem Ursprung führen. Jeder Kristall und jeder Mensch ist einzigartig und besitzt seine eigene Energie. Sie sind Kinder dieses Planeten und können miteinander schöne Dinge in die Wirklichkeit zaubern.

Ich möchte dich bei diesem Ritual einladen, einen Kristall wie beschrieben mit auf einen Spaziergang zu nehmen und ihn in der linken Hand zu halten. Die linke Körperhälfte steht in Verbindung mit den weiblichen Anteilen eines Menschen und mit seinen Emotionen. Wir dürfen vor uns hin schlendernd immer mehr ins fühlende Herz kommen und uns mit Mutter Erde und ihrer kraftvollen schöpferischen Energie verbinden. In der Natur merken wir schnell, dass es mehr gibt als die Realität, die wir uns selbst erschaffen haben. Wir spüren, dass wir tief verwurzelt sind und dass alles, was uns umgibt, eine Einheit bildet, uns selbst eingeschlossen. Auch wir sind Natur. Geh bei deinem Spaziergang an einen Ort, der dir in der Natur sehr am Herzen liegt, um dort zu meditieren. Nutze deinen Kristall und behalte ihn auch bei der Meditation in deiner linken Hand. Lass dich von der Natur und ihren Geräuschen in der Meditation führen. Gib dich dem Moment vollkommen hin und spüre, dass du zu Mutter Erde gehörst. Lass alles auf dich wirken, lass Wurzeln aus deinem Wurzelchakra wachsen und umarme mit ihnen in deiner Imagination den Kern der Erde. Ruf im Geist die Kraft von Mutter Erde zu dir und erlaube ihr, deinen ganzen Körper zu durchströmen. Nimm all ihre Informationen in deinen Zellen auf. Fühl dich von ihr genährt.

Wenn du die Meditation beendest, bedanke dich bei Mutter Erde und gehe so lange weiter deines Weges, wie es sich für dich stimmig anfühlt. Den Kristall kannst du zu Hause gern auf deinen Altar legen, um ihn dort mit der ursprünglichen Energie von Mutter Erde ein wenig weiter wirken zu lassen.

Kapitel 4:
Energiesteine – Heilsamer Aufbruch zu neuen Ufern

Was tun in Zeiten der Erschöpfung?

Wir alle kennen Phasen in unserem Leben, in denen wir energetisch auf einem niedrigen Level schwingen. Unsere unbewussten Verhaltensweisen werden uns manches Mal zum Ballast. Das sind die Zeiten, in denen wir ganz besonders liebevoll mit uns selbst und sehr achtsam mit unseren Emotionen umgehen dürfen. Dann können wir wieder gestärkt aus diesen Phasen hervorgehen. Um niedrig schwingenden Emotionen tiefer auf den Grund zu gehen und zu verstehen, woher diese Emotionen stammen, können wir mit unseren »Schatten« arbeiten und unsere verletzlichsten Aspekte ins Licht geben. Manchmal haften uns auch Emotionen und Verhaltensmuster an, die gar nicht zu uns gehören und von Generation zu Generation unbewusst weitergegeben wurden. Hier kommt die sogenannte »Ahnenarbeit« oder »Ahnenheilung« ins Spiel. All diese Techniken können wir ebenfalls mithilfe von Kristallen unter-

stützen und intensivieren. Wir können auf energetischer Ebene alte, uns nicht dienliche Bindungen lösen und mit Liebe versiegeln. In diesem Kapitel werden Steine genutzt, die ich teilweise schon beschrieben habe oder an späterer Stelle beschreibe. Daher blättere gern zurück oder vor und lies dort, welche Eigenschaften ein Stein besitzt, der in diesem Kapitel nicht direkt beschrieben wird.
Um Blockaden zu lösen, können wir uns auch die Technik des Journalings zunutze machen, indem wir unsere Gefühle niederschreiben. Dies kann sehr kraftvoll sein, weil wir Gedanken zu Papier bringen, die wir sonst Angst hätten auszusprechen und die wir auf diese Weise aus unserem System entlassen. Wir können uns dabei auch verschiedene Fragen stellen und diese im Journal beantworten. So werden uns Schattenaspekte unseres Selbst bewusst und ins Licht gebracht. Hier darfst du gern auch einen Kristall dazunehmen: beispielsweise Amethyst, Rosenquarz, schwarzer Onyx, Schneeflockenobsidian, schwarzer Turmalin, Labradorit, Selenit oder Hämatit. Die aufgezählten Kristalle sind für die sogenannte Schattenarbeit alle gut geeignet.

Meditation: Schenke deinen Schatten Aufmerksamkeit

In diesem Ritual geht es um die beschriebene Technik des Journalings. Schnapp dir dein Journal und denjenigen der oben genannten Kristalle, der dich am meisten ruft. Es sind auch mehrere möglich, aber wenn du dich für einen einzelnen Stein entschei-

dest, wird die Wirkung klarer. Bereite deinen Raum vor, zünde Kerzen an, reinige dich und alles um dich herum mit einem beliebigen Räucherwerk. Nun fange an, dir selbst Fragen zu einem bestimmten Thema, das dich sehr beschäftigt, zu stellen und die Antworten in dein Journal zu schreiben. Um dich in dieser Arbeit mit einem Kristall zu verbinden, reicht es, wenn du ihn in deiner Hand hältst oder ihn auf deinen Schoß legst. Lass seine Energie auf dein System wirken und sei dir sicher, dass sie dorthin gelangt, wo sie gebraucht wird.

Folgende Fragen kannst du als Inspiration nutzen:

- Was glaubst du, wie andere Menschen dich sehen?
- Wie würdest du dich selbst beschreiben?
- Wie fühlt sich deine Beschreibung über dich selbst an?
- Welche Dinge lassen unangenehme Gefühle in dir aufkommen?
- Überleg dir, wo der Ursprung dieser Gefühle liegt.
- Wann war es das letzte Mal, dass du dich nicht verstan-

den gefühlt hast? Beschreibe, wie es sich genau angefühlt hat, in welcher Region deines Körpers hat sich dieses Gefühl gezeigt?

- Hast du gesunde Grenzen und stehst für diese ein?
- Gibt es eine bestimmte Beziehung, in der es dir schwerfällt, Grenzen zu setzen?
- Was hält dich eventuell davon ab, Grenzen zu setzen? Wie fühlst du dich dabei?
- Sei ehrlich zu dir selbst: Kannst du die Grenzen anderer Menschen respektieren oder überschreitest du sie (un)bewusst?

Schreib so lange deine Gedanken auf, bis du spürst, es ist genug. Bei Bedarf wiederhole diese Übung so oft, wie du den Wunsch dazu verspürst. Die Meditation eignet sich auch gut als Übung mit einem Menschen deines Vertrauens, allerdings sollte der Raum dann sehr geschützt sein und die Bereitschaft, daran teilzunehmen, ganz aufrichtig. Diese Person darf dabei liebevoll die zuvor ausgewählten Fragen an dich richten und mitschreiben, während du intuitiv antwortest. Danach können die Rollen getauscht werden, wenn ihr das mögt.

Du kannst dir Fragen zu allen Bereichen deines Lebens stellen, zudem kannst du Kristalle, die zu diesen Bereichen passen, gern dazunehmen. Beispielsweise wäre es eine gute Idee, einen herzöffnenden Stein wie den Rosenquarz oder den Rhodochrosit beim Journaling zu integrieren, damit er dir mit seiner liebenden Frequenz zur Seite stehen kann.

Ehrung deiner Ahnen

Bei der Beantwortung einiger Fragen oder Themen aus deinem Leben können möglicherweise auch Ahnenthemen ans Tageslicht kommen. Unsere Vorfahren prägen unser Sein auf vielen Ebenen, genetisch und auch energetisch. Wir tragen unendlich viele Informationen aus unserer Ahnenlinie mit uns und sie kommen immer mal wieder zum Vorschein. Solche Themen können uns helfen, uns aber auch stark beeinträchtigen. Deshalb ist es wichtig, unsere Familien genau zu betrachten, wenn wir tief in unser Sein hineinblicken möchten. Manchmal gehören Themen und Gefühle gar nicht zu uns, sondern haben etwas mit dem Leben von Verstorbenen aus unserem Stammbaum zu tun, die längst vergessen wurden.

HEILSTEINE FÜR DIE ARBEIT MIT DEINEN AHNEN

Im Feld der Ahnen zu arbeiten, kann mit folgenden Heilsteinen unterstützt werden: Orthoceras-Fossil, Azurit, Obsidian, Selenit, Amethyst, Lapislazuli, Rauchquarz, Lepidolith, Coelestin, Bernstein, versteinertes Holz, Bergkristall.

ORTHOCERAS-FOSSIL

CHAKREN: alle

STERNZEICHEN: Jungfrau und Steinbock

ELEMENTE: Wasser und Erde

EIGENSCHAFTEN: Dieser Heilstein ist das hornförmige versteinerte Fossil eines Kopffüßers, der vor circa vierhundert Millionen Jahren lebte und dem heutigen Tintenfisch ähnlich sah. Es schafft die Connection zu unserer irdischen Ahnenlinie und trägt die Ursprungsschwingung in sich. Der Orthoceras soll dich mit dem Beginn allen Seins hier auf diesem Planeten verbinden. Er kann dir dabei helfen, tief in deine Ahnenlinie hinabzutauchen oder Verknüpfungen aus früheren Leben zu erkennen.

AZURIT

CHAKREN: Stirnchakra und Kronenchakra

STERNZEICHEN: Steinbock

ELEMENT: Wasser

EIGENSCHAFTEN: Der Azurit sorgt für die Verbindung zum Universum und die Anbindung an seine Informationen. Er fördert das Hellsehen. Er kann uns dabei helfen, tief ins Unterbewusstsein zu sinken, was für die Arbeit mit unseren Ahnen sehr wichtig ist. Außerdem fördert er die Entfaltung der inneren Weisheit und schenkt uns Erkenntnisse in allen Lebensbereichen.

Ritual: Erlöse deine Ahnen von altem Schmerz

Im folgenden Ritual geht es darum, alte Wunden oder einschränkende Erfahrungen in deiner Ahnenlinie aufzuspüren und diese in die Heilung zu bringen. Nehmen wir beispielweise das Thema Geld: Wir alle wollen in Fülle leben und wir möchten genug zum Leben besitzen. Doch oftmals hindern uns festgefahrene Verhaltensmuster in unserem Leben daran, dass unsere Wünsche sich manifestieren. Das kann damit zusammenhängen, dass wir energetisch gesehen von den Erfahrungen unserer Ahnen tief in der Vergangenheit beeinflusst werden. Die Menschheitsgeschichte ist sowohl von wundervollen als auch von schmerzhaften Ereignissen geprägt. Zu Letzteren zählen beispielsweise Kriege, Vertreibung, Kolonialisierung und vieles mehr. All diese Erschütterungen haben energetische Fußspuren hinterlassen und wirken sich bis heute auf unser Leben aus. Nehmen wir das Beispiel des Krieges: Jede Nation und jede Familie hat ihre eigenen Geschichten. Ein Familiensystem kann möglicherweise Energien in sich tragen, die von Ahnen herrühren, die flüchten und alles hinter sich lassen mussten, um zu überleben. Ein anderer Teil der Familie hat vielleicht im Krieg gemordet oder andere Gräuel verübt. All diese Taten sind im Energiefeld gespeichert und dürfen von uns liebevoll, achtsam und demütig erlöst werden. Wir dürfen mit unseren Ritualen Licht in das Dunkel bringen, wir dürfen Erlösung und Heilung ermöglichen.

Für dieses Ritual darfst du dir zunächst bewusst werden, welche Energien du in deiner Ahnenlinie genau erlösen möchtest. Ist es beispielsweise das Thema der Flucht, dann greifst du dies mit den Worten, die du im Ritual sprichst, auf. Setze hierfür eine klare Intention.

Du benötigst für das Ritual Kristalle wie beispielsweise Rosenquarz für die Liebe, Fotos von deinen Ahnen oder Gegenstände, die dich an sie erinnern, sowie Kerzen. Für den Ahnenaltar suchst du am besten einen Platz in deiner Wohnung aus, an dem du dich häufig aufhältst und täglich hinschauen kannst. Du reinigst energetisch deinen Raum mit einem beliebigen Räucherwerk, stellst im Modus der Achtsamkeit all deine Materialien auf deinen Altarplatz und zündest eine Kerze an, die in der Mitte des Altars platziert wird.

Jetzt schließt du deine Augen und atmest drei Mal tief ein und aus und bittest die Geistführer, denen du zugeneigt bist, um Verbindung mit deinem Ahnenfeld. Wenn es sich für dich richtig anfühlt, sprichst du einige Worte zu deinen Ahnen, erzähl ihnen, was du hier tust und warum, dass du sie siehst und dass du ihren Schmerz erkennst. Sag ihnen, dass du sie liebst und ihre leidvollen Themen erlösen möchtest. Lass deinem Herzen freien Lauf, sprich aus deiner Intuition heraus und aus deiner Liebe. Bei so einem intimen Thema vertraue dir selbst. Hier möchte ich dir keinen Satz vorgeben. Du kannst nichts Falsches machen, solange du mit Liebe und reinem Herzen dabei bist und mit der allerbesten Intention für alle.

Nachdem du alle dir wichtigen Worte ausgesprochen hast, kannst du noch so lange sitzen bleiben und die Energien fließen lassen, wie es sich stimmig für dich anfühlt. Dieses Ritual dient dazu, dauerhaft Licht und Heilung zu senden. Deshalb empfehle ich dir, die Kerze dreißig Tage hintereinander täglich für deine Ahnenlinie anzuzünden. Du kannst danach ein anderes Ritual durchführen oder dasselbe noch einmal wiederholen, dann allerdings am besten mit einer neuen Thematik.

Ahnenarbeit ist sehr wirkungsvoll und beeinflusst nicht nur dich und deine Familie und das Energiefeld deiner Vorfahren, sondern auch die Generationen, die nach dir kommen werden. Wenn wir Energieanteile von uns und unseren Vorfahren ins Licht geschickt haben, ist es für uns einfacher, bestimmte Ereignisse in unserem Leben zu manifestieren. Hierzu können einige Kristalle verwendet werden, die diesen Prozess unterstützen.

HEILSTEINE FÜR DEINE MANIFESTATIONEN UND DEINEN FOKUS

Um unsere Manifestationen zu bestärken und unsere Fokus zu intensivieren, können wir diese wundervollen Heilsteine nutzen: Sodalith, Fluorit, Moosachat, Hämatit, Citrin, Pyrit, Topas, Rosenquarz, Amethyst, grüner Aventurin, Karneol, Obsidian, Rutilquarz, Jade, Bergkristall.

SODALITH

CHAKREN: Kehlchakra und Stirnchakra
STERNZEICHEN: Schütze
ELEMENTE: Wasser und Luft
EIGENSCHAFTEN: Der Sodalith ist ein dunkelblaues Mineral. Er stärkt deine Intuition und bringt dich somit mehr in die Verbindung mit deiner wahren Essenz. Dieser Kristall hilft dir, klarer deine Wahrheit auszusprechen, regt die Kommunikation an und fördert deine Fähigkeit des aktiven Zuhörens. Der Sodalith lässt deinen Selbstwert wachsen, verbindet dich mit deinen Engeln und den höheren Ebenen der Existenz. Dieser Stein regt deine Kreativität an und gibt dir den nötigen Fokus, um Neues zu erschaffen. Er unterstützt dich darin, selbstbewusst dein Leben zu gestalten, schenkt dir eine positive Ausrichtung und inneren Frieden.

FLUORIT

CHAKREN: Herzchakra und Stirnchakra

STERNZEICHEN: Steinbock und Fische

ELEMENTE: Luft und Wasser

EIGENSCHAFTEN: Der Fluorit zeigt sich in verschiedenen Farbvariationen: Von Hellgrün bis Dunkellila sind fast alle Töne vertreten. Dieses Mineral bringt Balance in dein Leben, hilft dir, das Chaos hinter dir zu lassen und deine eigene Ordnung zu finden. Es bringt deine Aura ins Gleichgewicht. Der Fluorit verbindet den menschlichen Geist mit dem kosmischen Bewusstsein. Er kann dir dabei helfen, deine Gedanken zu sortieren und den nötigen Fokus für ein Projekt zu finden. Zudem verleiht er dir den Mut, Entscheidungen, die wichtig für deinen weiteren Lebensweg sind, zu treffen.

MOOSACHAT

CHAKRA: Herzchakra

STERNZEICHEN: Jungfrau

ELEMENT: Erde

EIGENSCHAFTEN: Der Moosachat soll Balance und Stabilität in unser Leben bringen. Er kann uns dabei helfen, anderen zu vergeben und Freude in unsere Gefühlswelt zu bringen. Der Moosachat ist bekannt dafür, Fülle, Wohlstand und Erfolg in unser Leben zu ziehen. Dieser Kristall ist ein Stein für Neuanfänge, beispielsweise wenn wir mit einem neuen Job oder einem eigenen Business starten möchten. Außerdem bringt der Moosachat dem Träger die Verbundenheit mit Mutter Natur näher und festigt diese.

HÄMATIT

CHAKRA: Wurzelchakra

STERNZEICHEN: Wassermann und Widder

ELEMENTE: Erde und Feuer

EIGENSCHAFTEN: Der Hämatit ist ein Stein, der uns dabei hilft, Erdung zu finden, wenn unsere Emotionen durch Stress aus dem Gleichgewicht gekommen sind. Dieser Stein ist besonders gut für Frauen geeignet, da er das Selbstbewusstsein boostert. Er kann dir behilflich sein, deine Willenskraft zu stärken, indem er dich von Selbstzweifeln befreit. Der Hämatit fördert deine Konzentration, deine Manifestationsgabe und kann deine Verbindung zu deinem höheren Selbst unterstützen.

CITRIN

CHAKREN: Sakralchakra und Solarplexus-Chakra
STERNZEICHEN: Widder, Waage, Löwe und Zwilling
ELEMENT: Luft
EIGENSCHAFTEN: Der Citrin ist ein sehr kraftvoller und seltener Stein, der Fülle auf allen Ebenen bringt. Er fördert unsere Intuition, lädt Freude in unsere Gefühlswelt ein, schenkt uns Wunder und fördert den Enthusiasmus. Er schafft ein positives Selbstbild und stärkt unser Selbstbewusstsein. Beim Kauf eines Citrins ist darauf zu achten, einen echten zu erwischen, da dieses Mineral häufig gefälscht wird. Oftmals werden gebrannte Amethyste als Citrin verkauft oder andere wärmebehandelte Quarze. Ein Indiz für die Echtheit ist der hohe Preis. Ein Indiz für eine Fälschung ist die Farbgebung. Sehr gelbe Kristalle, die schon fast ins zitronig Braune gehen, sind meist gebrannte Amethyste. Die Energie eines natürlichen Citrins ist unschlagbar und magisch. Meine Empfehlung zu diesem und anderen Kristallen: Kaufe Qualität statt Masse. Ein Citrin ist übrigens der ultimative Stein, um Geld zu manifestieren, er ist The Money Maker.

PYRIT

CHAKRA: Solarplexus-Chakra

STERNZEICHEN: Löwe

ELEMENTE: Erde und Feuer

EIGENSCHAFTEN: Der Pyrit fördert deine mentale Stabilität, deine Intelligenz, Kreativität und deinen Optimismus. Dieser Stein hilft, Stress aus deinem System gehen zu lassen, er fördert Klarheit und unterstützt dich positiv bei Ängsten. Der Pyrit ist außerdem bekannt dafür, elektromagnetische Strahlung aufzunehmen und uns vor dieser zu schützen. Deshalb ist er sehr gut geeignet, um auf dem Schreibtisch oder im Büro platziert zu werden. Dieser Stein kann wunderbar bei Manifestationsritualen genutzt werden, um Wohlstand in unser Leben zu ziehen.

Crystal Grid: Lade Konzentration ein

Manchmal benötigen wir in unserem Alltag mehr Fokus und Konzentration. Hier kann uns ein Crystal Grid, das sehr einfach zu legen ist, behilflich sein. Du benötigst dafür etwas Platz auf deinem Schreibtisch oder Altar und folgende Materialien: eine Unterlage für das Grid, zum Beispiel einen flachen Teller oder eine Baumscheibe, einen Pyrit, vier Bergkristallspitzen, vier Citrin-Trommelsteine und acht Fluorit-Trommelsteine.

Bevor du beginnst, reinige deine Materialien, den Platz und dich selbst mit einem Räucherwerk deiner Wahl und erschaffe somit einen heiligen Raum. Nun kannst du starten, das Grid zu legen. Beginne mit dem Pyrit, der das Zentrum darstellen wird. Ordne die vier Bergkristallspitzen so um den Pyrit herum an, dass sie in alle vier Himmelsrichtungen zeigen, nach Norden, Osten, Süden und Westen. Danach darfst du die vier Citrin-Trommelsteine in die Lücken zwischen die Bergkristalle legen und zuletzt die Fluorit-Trommelsteine kreisförmig um alle anderen Kristalle herum verteilen. Dieses Grid soll dir durch seine Energie helfen, fokussierter und motivierter an die Arbeit und mit voller Power ans Werk zu gehen. Hierzu kannst du dich immer wieder mit dem Grid verbinden, indem du deine Hände darüberhältst. Lass das Grid so lange an seinem Platz, bis du intuitiv merkst, dass es seine Arbeit getan hat. Danach kannst du die Steine energetisch reinigen und für etwas anderes verwenden.

Anregung: Fertige einen Kristall-Roll-on für deine Motivation

Um unsere Motivation für eine Sache zu beflügeln, können wir einen Kristall-Roll-on für unterwegs herstellen und den Inhalt bei Bedarf immer wieder auf unsere Haut auftragen. Die Materialien für den Kristall-Roll-on sind folgende: ein kleines Roll-on-Fläschchen aus Glas (10 ml), Fluoritsplitter oder Mini-Trommelsteine, die ätherischen Öle Bergamotte, Grapefruit und Limette, außerdem Pflanzenöl wie beispielsweise Mandelöl als Basisöl. Kleiner Tipp: Falls du keine losen Splitter findest, kannst du dir ein Fluoritsplitter-Armband besorgen, daraus die kleinen Steinchen lösen und diese zur Herstellung des Sprays verwenden.

Bevor wir anfangen, den Roll-on anzufertigen, reinigen wir alle Materialien energetisch mit etwas Rauch. Danach geben wir ein paar Fluoritsplitter in die Roll-on-Flasche und träufeln drei Tropfen Bergamotte, drei Tropfen Grapefruit und vier Tropfen Limette darüber. Den Rest der Flasche füllen wir mit neutral riechendem

Pflanzenöl auf. Jetzt nur noch den Deckel auf die Flasche schrauben, etwas schütteln – und fertig ist dein Crystal-Roll-on. Wann immer du etwas Motivation für deinen Alltag oder deine Arbeit benötigst, nutzt du diese Roll-on-Flasche und gibst dir etwas von dem Öl auf Handflächen und Nacken. Du kannst das Öl auf deinen Handflächen auch verreiben und nach Belieben inhalieren, indem du deine Hände vor deine Nase hältst und tief einatmest. Nimm den Duft wahr und genieße eine kleine Auszeit für dich. Das Öl wird in wenigen Minuten auf dein System wirken und du spürst einen absoluten Frischekick. Die Kristalle sollen die Wirkung der Öle verstärken. Bei den Ölen solltest du allerdings darauf achten, dass du nach dem Auftragen nicht ins direkte Sonnenlicht gehst, da die Haut empfindlicher auf UV-Strahlung reagieren kann.

Dem Leben vertrauen

Auf unserem Lebensweg haben wir oftmals mit Hindernissen zu kämpfen, die emotionaler Natur sind, die uns verzweifeln und unser Vertrauen ins Leben schwinden lassen. Um das Vertrauen in uns selbst und unsere Fähigkeiten zu befördern, bedarf es einer tiefen Verbindung zu unserem Ursprung als spirituelles Wesen. Das Vertrauen ins Universum, den Schöpfer von allem, was ist, Gott: Ganz gleich, wie wir die Quelle benennen mögen, das Vertrauen in dieses Bewusstsein ist meiner Meinung nach essenziell wichtig, um im eigenen Leben mehr

Freude, mehr Liebe, mehr Erfolg und auch mehr Gesundheit zu erfahren. Ich empfehle jedem, sich hierzu eine tägliche Routine zu schaffen, in der die Meditation inbegriffen ist. Tägliches Meditieren reduziert den Stress im Körper, sie hebt unsere Emotionen, verbessert den Umgang mit unseren Gefühlen, fördert die Persönlichkeitsentwicklung und unsere Konzentrationsfähigkeit.

Meditation: Komm zurück in die Zuversicht

Erwachsene sind oftmals durch verschiedene Erfahrungen im Leben in ihrem Sein eingeschränkt und können ihre wahre Essenz kaum zum Ausdruck bringen. Hinzu kommen andere Faktoren auf der Seelenebene, die uns davon abhalten, in unser vollkommenes Potenzial zu gelangen. Es mag vielleicht esoterisch klingen, doch aus meiner Sicht entscheiden wir uns auf der Seelenebene bereits vor der Geburt, welches Leben wir hier auf Erden führen möchten und mit welchem Potenzial und wie vielen Seelenanteilen wir inkarnieren. Wir entscheiden, in welche Familie wir geboren werden, wie wir aussehen, welche Hindernisse wir im Leben aufgezeigt bekommen und welche Situationen uns wachsen lassen dürfen. Unser Blueprint wird von unserer Seele kreiert. Sie hat sich entschieden, hier zu sein, ebenso wie sie zugestimmt hat zu vergessen, was ihr wahres Ich, ihre pure Essenz ausmacht. Dies ist Teil des »Vertrags« der irdischen Inkarnation. Der Planet

Erde ist der Planet des freien Willens. Um diesen freien Willen nicht zu stören, musste unsere Seele alles vergessen: ihr Wissen ebenso wie ihren Ursprung. Das ist spannend und birgt zugleich kraftvolle Chancen. Die 3-D-Realität, in der wir hier leben, bietet einer Seele, die aus purer Energie besteht, sehr viele Erfahrungsmöglichkeiten. Eine Seele kann Anteile abspalten, durch Traumata, Partnerschaften, Freundschaften und vieles mehr. Doch je mehr Seelenanteile wir in unserem Sein vereinen, desto besser. Durch verschiedene lichtvolle Rituale können wir verlorene Seelenanteile zu uns zurückrufen und sie mit Licht erfüllen.
Nehmen wir einmal an, dass du durch eine sehr schwierige Beziehung gegangen bist. In solchen Fällen können wir die energetischen Verbindungen, die für uns nicht dienlich sind, durchtrennen. Dabei ist es wichtig zu beachten, dass Verbindungen von Herz zu Herz nie getrennt werden können. Sei dir immer bewusst, dass wir immer nur zum Wohle aller handeln und niemals jemandem etwas Schlechtes wünschen sollten. Falls wir dies dennoch tun sollten, entsteht negatives Karma, welches uns in diesem Leben oder in einem anderen einholen wird. Deshalb sei dir bitte immer über deine Handlungen bewusst. Viele Rituale, die ich hier beschreibe, unterstützen dich darin, deine Seelenanteile wieder zu dir zurückzuholen. Ein spiritueller Weg ist eine Reise zu sich selbst, eine Reise, die wir antreten, um in Verbundenheit mit unserer Seele, unseren Gefühlen, unseren Gedanken und unserem Körper zu sein. Hinzu kommt die wundervolle und liebende Verbundenheit mit allem, was ist. Dies ist für mich die Essenz von Spiritualität.

Für das Ritual benötigst du vier weiße Kerzen, vier Bergkristalle und eine Bergkristallkugel. Die Farbe Weiß steht für Klarheit. Um uns wieder mehr ins Vertrauen zu bringen, ist ein klarer Fokus sehr wichtig, weshalb ich dir zu dieser Meditation auch genau diesen Kristall empfehle. In Kombination verstärken sich die weißen Kerzen und die Kristalle in ihrer Wirkung wechselseitig. Du darfst dir auch gern noch etwas Musik aussuchen, die dir für eine tiefere Verbindung mit dir selbst helfen kann.

Bevor du mit deiner Meditation beginnst, empfehle ich dir, ein schönes Salzbad zu nehmen, um alle fremden Energien abzuspülen. Wenn du so weit bist, räucherst du deinen Raum. Jetzt stellst du die Kerzen kreisförmig um dich herum auf den Boden und legst in die Lücken dazwischen je einen Bergkristall. Setze dich nun in die Mitte des Kreises und zünde die vier Kerzen mit einem Streichholz an. Sprich dabei die folgende Worte:

»Hiermit bitte ich um die Fähigkeit, mir und dem Leben zu vertrauen.«

Wenn alle Kerzen brennen, setzt du dich in den Lotussitz, oder wie es für dich gemütlich ist, und nimmst deine Bergkristallkugel in die Hände. Atme tief ein und aus, und stell dir vor, wie sich in deinem Herzraum ein pulsierender Energieball bildet, der von Atemzug zu Atemzug immer größer wird. Dieser pulsierende Ball nimmt zunehmend deinen gesamten Körper ein, dann deine Wohnung, deine Stadt, den Planeten und schließlich das ganze Universum. Nimm wahr, wie sich diese energetische Ausdehnung für dich anfühlt. Durch sie bist du mit allem verbunden und

kannst auf das Gefühl des Vertrauens zugreifen. Du spürst, wie sich dieses in deinem Körper manifestiert. Es wandert tief in dein Wurzelchakra und erinnert dich wieder an dein Urvertrauen, das seit Anbeginn in dir ist. Alle Erfahrungen, die du bezüglich eines Vertrauensbruchs gesammelt hast, dürfen ihr Gewicht verlieren. An ihre Stelle tritt kraftvolle universelle Energie.
Spüre nun auch, wie die Energie der Bergkristalle dich umhüllt, dir immer mehr Klarheit darüber schenkt, wie sich echtes Vertrauen zu dir selbst anfühlt. Die Präsenz der Kristalle zeigt dir, wie leicht und liebevoll Vertrauen ist. Bleib eine Zeit lang in diesem Gefühl, umarme es, installiere es in deinem System. Gib dich ganz diesem Gefühl hin und bedanke dich bei ihm. Atme tief ein und aus und wenn du dich bereit fühlst, die Meditation zu beenden, darf sich deine große pulsierende Kugel Atemzug um Atemzug langsam wieder in deinen Körper zurückziehen. Spüre, wie sie immer kleiner wird, wie sie vom Universum bis zur Erde, bis in dein Land, deine Stadt und wieder in deinen Körper zurückkehrt. Wenn du bereit bist und deine Energie wieder in deinem Zentrum ist, bedanke dich bei den Kristallen und dem Universum für ihre Arbeit. Fühle die Dankbarkeit in deinem Herzen, nachdem du die Meditation beendet hast.
Schreib nun im Anschluss alle Bilder, Farben und Gedanken, die dir in dieser Meditation begegnet sind, in dein Journal. Oftmals bekommen wir beim Meditieren kleine Botschaften von den höheren Aspekten unseres Selbst. Auch ich habe schon Botschaften bekommen, die sich einige Wochen später in der Realität mani-

festiert haben. Diese Methode kann dein Vertrauen stärken, besonders wenn du bemerkst, dass deine positiven und kraftvollen Visualisierungen, Gedanken und Gefühle tatsächlich zunehmend deine Realität kreieren. Außerdem sendest du durch diese Praxis Energien auch ins Universum, die auf Resonanz stoßen. Wir ziehen das an, was wir sind. Wenn wir ins Vertrauen kommen wollen, dürfen wir das Vertrauen mit unserem ganzen Sein zelebrieren und verkörpern. Deshalb sind die Worte, die wir sprechen, so wichtig. Jedes Wort schwingt wie alles andere auf einer Frequenz und zieht Gleiches an. Um die Wirkung dieses Rituals zu verstärken, kannst du in den nächsten einundzwanzig Tagen täglich folgende Affirmation sprechen: »Ich vertraue mir und dem Universum!« Dabei kannst du deine Bergkristallkugel auch wieder in den Händen halten und betrachten. Sie wird die Wirkung ebenfalls intensivieren.

HEILSTEINE FÜR DIE ARBEIT MIT DEINER SEELE

Um uns tiefer mit unserer Seele zu verbinden und unsere Arbeit mit ihr zu verstärken, können wir folgende Heilkristalle nutzen: Howlith, Rutilquarz, roter Jaspis, Selenit, Amethyst, pinker Turmalin, Angelit, Aventurin, Fluorit, Apophyllit, Spirit-Quarz, Bergkristall.

HOWLITH

CHAKRA: Stirnchakra
STERNZEICHEN: Waage
ELEMENT: Luft
EIGENSCHAFTEN: Der Howlith ist ein Mineral, das uns dabei hilft, Weisheiten aus den höheren Reichen zu empfangen. Er verstärkt unseren Zugang zur Spiritualität. Hierzu lehrt er uns, mehr Geduld mit uns und den äußeren Umständen zu entwickeln. Der Howlith schafft einen Raum der Erholung und des beruhigten Geistes für uns. Menschen, die zum Grübeln neigen, können mithilfe des Howliths diesen Kreislauf durchbrechen.

RUTILQUARZ

CHAKREN: alle

STERNZEICHEN: Krebs

ELEMENTE: Feuer und Luft

EIGENSCHAFTEN: Dieser wundervolle und strahlende Quarz schafft eine Verbindung zu unseren geistigen Führern. Er fördert die Manifestationsgabe und hilft dabei, dass deine Wünsche schneller in Erscheinung treten. Der Rutilquarz verbindet das Wurzelchakra mit dem Kronenchakra, das heißt er gibt den Weg frei für den Kreislauf der Energiezentren und schafft somit mehr Vitalität, Kreativität, körperliches Wohlbefinden und Ausdauer. Der Rutilquarz bringt uns dazu, nach der Wurzel eines Problems zu forschen, dieses ans Licht zu bringen und unseren Blickwinkel zu verschieben.

ROTER JASPIS

CHAKREN: Wurzel- und Sakralchakra
STERNZEICHEN: Widder und Skorpion
ELEMENT: Erde
EIGENSCHAFTEN: Der rote Jaspis ist ein wundervoller Stein, um uns mit Mutter Erde zu verbinden, ihre Kraft und schöpferischen Fähigkeiten zu spüren. Er hilft uns, den Fokus auf uns selbst zu richten. Er schenkt uns den Weitblick, uns um uns selbst zu kümmern, uns selbst zu nähren und unseren eigenen Garten zu wässern. Dies ist essenziell, um in vollkommener Freiheit und im Vertrauen ein neues Ich zu schaffen und den eigenen Weg mit vollem Tatendrang zu gehen. Der rote Jaspis steht in Verbindung mit der Kundalini-Energie, die im Tantra als Lebensenergie oder Schöpferkraft bezeichnet wird. Deshalb ist er als kleiner Begleiter bei allen schöpferischen und manifestierenden Prozessen bestens geeignet.

Verlorene Seelenanteile zurückgewinnen und Fremdenergien verabschieden

Seelenanteile, die wir in vergangenen Beziehungen gelassen haben, dürfen wieder zu uns zurückgerufen werden. Es liegt in der menschlichen Natur begründet, dass wir Seelenanteile bei anderen Personen oder sogar in vergangenen Leben zurücklassen, wo sie gebunden sind und uns nicht mehr zur Verfügung stehen. Manche unserer Erfahrungen sind so schmerzhaft, dass wir sie mit allem, was zu ihnen gehört, dort lassen, wo der Schmerz stattgefunden hat. Jedoch ist es für unser Weiterwachsen wichtig, unsere Seelenanteile wieder zu uns zurückzurufen.

Umgekehrt tragen wir möglicherweise Fremdenergien von anderen Personen oder Ereignissen in uns, die unsere Entfaltung behindern und uns krank machen. Je mehr wir Heilung zulassen können, je mehr eigene Seelenanteile wir zurückgewonnen haben und je mehr Fremdenergien wir aus unserem System zu lösen vermochten, desto kraftvoller werden unsere ureigenen Fähigkeiten erblühen und desto stärker wird unsere Verbindung zum Universum sein.

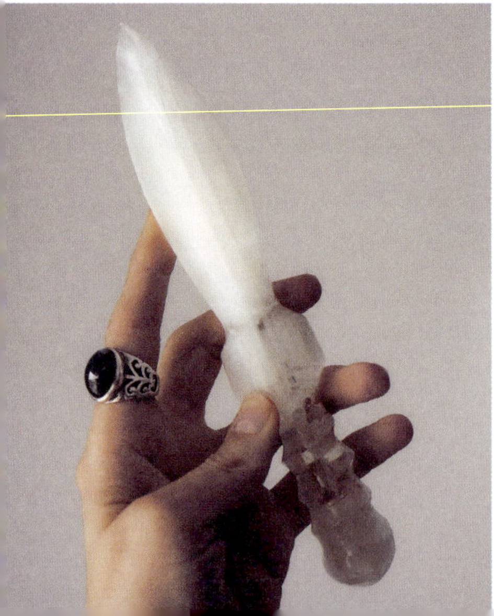

Meditation: Löse dich aus alten Verstrickungen und komm in die eigene Kraft

Dieses Ritual bringt deine Seele zum Leuchten, indem es dich ermächtigt, fremde Energien zu verabschieden. So wirst du deine wahre und pure Essenz besser ergreifen können. Du benötigst Himalayasalz, eine schwarze Kerze, die für Schutz und Erlösung von negativen Energien steht, vier kleine Bergkristallspitzen, vier Lepidolith-Trommelsteine und einen Dolch aus Selenit. Der Dolch dient der Durchtrennung der energetischen Stränge, die wir mit Menschen in diesem Leben aufbauen durften. Du kannst dich vielleicht daran erinnern, dass der Selenit als ein Licht bringender Stein tief mit dem Reich der Engel verbunden ist. Deshalb ist die Wahl dieses Dolches essenziell. Du kannst ein Foto der Person nutzen, von der du dich energetisch lösen möchtest, oder einen Gegenstand, der dich an sie erinnert.

Bereite deinen Platz wie immer energetisch vor, räuchere dich und alle Materialien sorgfältig. Nun beginnst du dein Ritual mit der schwarzen Kerze, die du in die Mitte des gewählten Ortes stellst. Ordne die Kristalle abwechselnd um die Kerze herum an und bilde somit einen Kreis. Wenn du ein Foto nutzt, stell es so vor die Kerze, dass es nicht Feuer fangen kann. Jetzt streust du das Salz kreisförmig als Schutz um die Kerze. Setze dich nun davor und zentriere dich, indem du tief ein- und ausatmest und deine geistigen Führer um Hilfe bittest, die Verbindungen, die

nicht mehr dienlich sind zwischen dir und der Person auf dem Foto, zu lösen.
Schließe nun deine Augen, spüre gut in deinen Körper hinein und erde dich, indem du visualisierst, wie Wurzeln aus deinem Wurzelchakra und deinen Füßen in den Boden hineinwachsen. Spüre die Verbindung zu Mutter Erde, bitte sie um ihren Schutz für dieses Ritual. Öffne deine Augen wieder und schaue die Kerze, den Gegenstand oder die Person auf dem Bild an, spüre die Energie in deinem Körper und lokalisiere die Anhaftungen. Meist werden Anhaftungen im Solarplexus gefühlt. Wenn du sie an einer anderen Stelle spürst, ist dies ebenso in Ordnung. Wenn du so weit bist und diese Energien lokalisiert hast, stell dir vor, wie du sie wie Bänder aus der betroffenen Körperregion herausziehst. Vielleicht mag es sich im ersten Augenblick seltsam anfühlen, Energie aus deinem Körper ziehen zu wollen. Doch erinnere dich daran: Energie ist überall, wir sind Energie. Ziehe so lange diese dir nicht mehr dienliche Energie aus deinem Körper, wie du es für nötig erachtest. Nutze das Selenitschwert, wenn du das Gefühl hast, dass die Energie vollständig aus deinem Körper gelöst werden soll. Dann trenn die Schnüre direkt am Körper ab und versiegle die Stelle mit dem Selenit, indem du mit dem Schwert über die Stelle reibst und sprichst: »Ich versiegle meinen Körper mit Liebe und Heilung.«
Es ist völlig okay, wenn beim Durchführen des Rituals Tränen fließen. Alles darf sein und sich lösen. Tränen sind Ausdruck von Gefühlen, die in Bewegung geraten. Dies ist etwas Wundervol-

les und sehr befreiend. Du darfst dankbar für dieses Geschenk deines Körpers sein.

Du kannst auf diese Weise auch noch mit weiteren Körperstellen verfahren, wenn du bemerkst, dass auch dort noch Energien anhaften. Du kannst die Schnüre während des Ziehens und nach dem Durchtrennen ins Feuer der Kerze geben und sie symbolisch verbrennen. Feuer ist das Element, das für Trennungs- und Auflösungsrituale am wirkungsvollsten ist. Wenn du so weit bist und alle Stränge gelöst hast, lösche die Kerze und sprich: »Mögen alle Verbindungen zwischen mir und ... (Name der Person) gelöst und ins Licht gebracht worden sein. So ist es und so sei es!«

Bedanke dich anschließend beim Universum für die heilsame Unterstützung. Nutze die Kerze, die du verwendet hast, für kein weiteres Ritual mehr. Ich persönlich entsorge die Kerze nach dem Ritual. Um sie zu neutralisieren, kannst du sie in einem Topf mit Erde vergraben und nach sieben Tagen wieder herausnehmen, um sie ordnungsgemäß zu entsorgen. Das Bild und die Kristalle kannst du noch ein paar Tage lang auf deinem Ritualplatz stehen lassen, um die Person geschützt zu wissen. Auch wenn wir gegebenenfalls verletzende Erlebnisse mit Menschen hatten, dürfen wir sie dennoch liebevoll betrachten und Frieden mit ihnen schließen. Vergebung ist der Schlüssel dafür, dass wir loslassen und heilen können.

Nach diesem Ritual kann es vorkommen, dass du dich energetisch ausgelaugt fühlst oder körperliche Beschwerden aufkommen. Mir persönlich ist nach diesem Ritual schwindelig und übel geworden. Trink bitte in den nächsten Tagen mindestens zwei Liter Wasser oder ungesüßten Tee pro Tag. Durch die energetische Arbeit werden organische Prozesse in Gang gesetzt, der Körper entgiftet und orientiert sich neu. Hier benötigt er etwas Unterstützung durch Flüssigkeitszufuhr. Am besten nimmst du auch ein Salzbad oder reibst dich mit Salz unter der Dusche gut ab. Damit löst du die letzten hartnäckigen Energien aus deinem Feld. Räuchere nach diesem sehr starken Ritual am besten auch noch deine gesamte Wohnung und alle Materialien, die du verwendet hast. Nach diesem sehr intensiven Prozess ist die Devise: Doppelt hält besser!

Kapitel 5:
Kraftsteine – Verbinde dich mit der geistigen Welt

Wie die Geistwelt zu uns spricht

Wir können uns mit der geistigen Welt verbinden und sie jederzeit um Führung bitten. Doch zuvor ist es sinnvoll, an den eigenen Schattenthemen gearbeitet, ein spirituelles Bewusstsein entwickelt und eine entsprechende Übungspraxis in den Alltag integriert zu haben. Denn sonst sind wir geneigt, nicht auf unsere Intuition zu hören, sondern lassen uns von unseren Wünschen, Träumen und Emotionen leiten. Wenn wir Zeichen aus der geistigen Welt erhalten, könnten wir sie falsch interpretieren, weil wir keinen geübten und klaren Zugang zu den Informationen besitzen und uns eine neutrale Sichtweise kaum möglich ist. Doch dieser neutrale Blick auf die verschiedenen Zeichen, die uns das Universum sendet, ist notwendig, um nicht vom Weg abzukommen.

Das Universum, unsere Engel und Geisthelfer kommunizieren mit uns meist mit Symbolen. Sie senden uns Synchronizitäten, die uns in der äußeren Welt etwas spiegeln, mit dem wir in Resonanz gehen. Dadurch erhalten wir auf einer nicht mentalen Ebene eine Erkenntnis oder die Antwort auf eine Frage. Es können uns beispielsweise besondere Zahlenfolgen begegnen – wie 111, 222, 333 – oder Uhrzeiten, die immer wieder auftauchen wie ein besonderer Wink mit dem Zaunpfahl, der entschlüsselt werden will, beispielsweise 11:11, 12:12, 13:13. Außerdem kann es passieren, dass Tiere unseren Weg kreuzen und uns auf der Symbolebene etwas mitteilen möchten. Nehmen wir beispielsweise den Schmetterling, ein Tier, das für Transformation steht oder für Wiedergeburt. Die Wiedergeburt kann so interpretiert werden, dass wir aus einer schwierigen dunklen Phase unseres Lebens emporsteigen und quasi »wiedergeboren« werden, stärker und schöner als zuvor. Weitere Botschaften können durch Lieder zu uns getragen werden, die wir zufällig im Radio hören. Alles hat Bedeutung in diesem Leben. Wir sind eingeladen, diese wahrzunehmen und als Zeichen des Universums verstehen zu lernen. Selbst wenn wir uns etwas vorgenommen haben und eventuell verhindert sind oder zu spät kommen, kann es auch dafür eine Begründung geben. Wir dürfen annehmen und sind sogar dazu eingeladen, unliebsame Situationen nicht als Zumutung zu empfinden. Wir dürfen in solchen Situationen den Stresspegel herunterfahren und uns zurücklehnen, denn oftmals möchte uns die geistige Welt vor etwas Schlimmerem bewahren.

Es gibt einige Rituale, um Kontakt mit der geistigen Welt aufzunehmen und ihre Hilfe zu erbitten. Hierfür können wir verschiedene Materialien in Kombination mit Kristallen nutzen. Ich möchte sie im Folgenden vorstellen, um das Feld dieser Materialien für dich ein wenig zu öffnen.

RUNEN

Runen sind alte Schriftzeichen der Germanen. Sie bilden eine Gruppe von Symbolen, aus denen sich vor dem ersten Jahrhundert eine Art Alphabet zusammensetzte. Die Runen besitzen eine lange Geschichte, das englische Wort »rune« leitet sich vom nordischen »runa« ab, das übersetzt so viel wie Geheimnis oder Mysterium bedeutet. Mit Runen können wir Botschaften aus der geistigen Welt erhalten, wenn wir darum bitten. Das gängige Runen-Set besteht aus vierundzwanzig Runen und heißt Futhark, wie die älteste überlieferte Runenreihe. Um mit Runen zu arbeiten, sollte man deren Bedeutung kennen und sich etwas mit der Thematik beschäftigt haben. Es gibt verschiedene Bücher, die sich ausführlich damit befassen. Meine Runen bestehen aus Aventurin-Steinen, die in einem Säckchen von mir aufbewahrt werden. Immer wenn ich einen Hinweis aus der geistigen Welt erhalten möchte, greife ich in das Säckchen, ziehe ein bis drei Runen und verbinde mich mit der jeweiligen Bedeutung der Rune. Jede Rune ist einzigartig und steht für ein anderes Feld des Seins. Für den Anfang würde ich dir empfehlen, nur eine Rune zu ziehen, um die Hinweise in deinen Geist aufzunehmen und für dich zu interpretieren. Runen zeigen dir selten die ganze Botschaft. Es liegt an dir, diese für dich zu entziffern und auf dein Leben oder eine Situation zu beziehen. Habe bitte keine Scheu, dich auszuprobieren. Runen zu legen, ist relativ einfach und kann uns das Mysterium unseres Lebens näherbringen.

TAROTKARTEN

Die Entstehung des Tarots ist nicht ganz geklärt. Nach einer Legende des französischen Mystikers Papu wurde das Tarot im alten Ägypten entwickelt, als dieses bedroht wurde und kurz vor dem Ende stand. Die dort ansässigen Weisen wollten alle Geheimnisse ihrer Kultur in den Karten verewigen. Das Kartenspiel ist bis zum Ende des 18. Jahrhunderts unverändert geblieben. Danach wurde es immer wieder modifiziert. Das Tarot besteht aus achtundsiebzig Spielkarten und wird zu psychologischen Zwecken oder zum Wahrsagen verwendet. Ein Kartenset besteht aus den zweiundzwanzig Hauptkarten, die als große Arkana bezeichnet werden. Der Begriff Arkana kommt aus dem Lateinischen und bedeutet Geheimnis. Die restlichen sechsundfünfzig Karten werden als kleine Arkana bezeichnet und unterteilen sich in vier Gruppen: Münzen, Stäbe, Schwerter und Kelche. Um Tarotkarten zu legen und zu deuten, sollte man sich wie bei den Runen mit der Thematik auseinandergesetzt haben. Wenn man die Geheimnisse des Tarots verstanden hat und umsetzen kann, können die Botschaften der geistigen Welt sehr eindeutig und aussagekräftig sein.

Falls du keine Muße hast, den Umgang mit Tarotkarten zu lernen, kannst du auch zu jemandem gehen, der sich damit gut auskennt. Sei dir jedoch bewusst, dass auch die Botschaften eines Tarots nicht in Stein gemeißelt sind. All das gibt dir nur einen kleinen Einblick und kann mit deinen Entscheidungen verändert werden. Bitte verharre nicht in der Prophezeiung von Kartenlegern. Lebe dein Leben und suche dir Unterstützung, die dir wirklich helfen kann. Falls du bei einer Kartenlegerin bist, die nicht zu dir passt, kommuniziere dies und suche dir jemanden, der auf gleicher Wellenlänge mit dir schwingt. Kartenlegen hat viel mit Vertrauen zu tun und dem Offenlegen der Themen deines Lebens. Ich selbst lasse mir regelmäßig von einer erfahrenen Kartenlegerin Tarotkarten legen, um Botschaften, die ich selbst nicht entschlüsseln kann, zu erhalten.

ORAKELKARTEN

Orakelkarten funktionieren ähnlich wie Tarotkarten, allerdings können diese nach meiner Auffassung leichter gelesen und gedeutet werden. Ich persönlich nutze Orakelkarten in jedem meiner Rituale, um eine Richtung für mein weiteres Vorgehen im Leben zu erhalten. Der Unterschied zwischen Tarot- und Orakelkarten besteht erst einmal im Aufbau des Kartendecks und der Thematik der jeweiligen Karten. Im Tarot können wir Tageskarten ziehen oder verschiedene Legesysteme nutzen, um tiefer zu schauen und Informationen aus den höheren Reichen zu erhalten. Die Orakelkarten geben uns Impulse und weitere Informationen, die die Tarotkarten nicht zeigen. Vor allem für ungeübte Kartenleser sind Orakelkarten sehr gut geeignet, um sich mit dem Universum zu verbinden. Hierzu kannst du dir ein Orakel-Kartendeck deiner Wahl besorgen. Auf dem Markt gibt es reichlich Auswahl und viele verschiedene Themen werden abgedeckt. Um die Orakelkarten in deine Rituale zu integrieren, kannst du sie ganz einfach mischen, deiner Intuition folgen und nach Gefühl eine oder mehrere Karten ziehen, die dir Informationen geben können.

PENDEL

Beim Pendeln handelt es sich um eine Technik, die Unbewusstes ans Tageslicht zu bringen hilft. Durch die unterschiedlichen Schwingungen des Pendels und deren Interpretationen können Informationen gesammelt werden, die wir in Ritualen oder für Entscheidungen in unserem Leben nutzen können. Der Körper reagiert auf Fragestellungen mit Muskelbewegungen, auch wenn diese so gering sind, dass wir sie selbst kaum wahrnehmen. Das macht sich das Pendel zunutze. Dieser Vorgang wird als Ideomotorik bezeichnet. Indem wir uns selbst Fragen stellen, schaffen wir eine Verbindung mit unserem Unterbewusstsein, die beim Pendeln sichtbar werden kann. Die Fragen sollten einfach sein und mit Ja oder Nein beantwortet werden können. Je nachdem, was du vorher für dich festgelegt hast, kann sich ein Ja als Kreisbewegung des Pendels zeigen und ein Nein als eine Hin-und-her-Bewegung. Die Anwendung dieser Technik hat nichts mit einem magischen Prozess zu tun, sondern dient lediglich dazu, eine tiefere Verbindung zwischen deinem wachen Tagesbewusstsein und deinen höheren beziehungsweise unbewussten Aspekten herzustellen. Wir können dafür ein echtes Pendel nutzen oder auch Talismane oder Amulette, die an einer Kette oder an einem Band hängen. Vor dem Pendeln solltest du allerdings immer sichergehen, welche Bewegung welche Antwort meint, um nicht verunsichert zu werden. Hierbei sagst du beim Probependeln zum Pendel in deiner Hand bei den entsprechenden Bewegungen am besten einmal laut Ja und einmal laut Nein, um die Bewegung für dich klar erkennen zu können. Pendel können aus verschiedenen Materialien bestehen. Welches zu dir finden darf, kannst du selbst für dich entscheiden.

Wie du dich mit deinem höheren Selbst verbindest

Ich möchte dir gern ein paar Methoden aufzeigen, wie du dich mit deinem höheren Selbst verbinden kannst. Zuvor solltest du dafür immer deine Räume und dich selbst energetisch reinigen und dich vor allem auch erden. Wenn wir mit den höheren Reichen, Engeln, mit dem Schöpfer oder dem höheren Selbst in Verbindung treten wollen, ist es unglaublich wichtig, an unsere Heimat, die Erde, angebunden zu sein. Hierzu kannst du gern Spaziergänge in der Natur machen oder Kristalle wie den schwarzen Turmalin, den roten Jaspis oder den Rauchquarz nutzen, da sie eine erdende Energie besitzen. Um wirklich klar zu kommunizieren, dürfen wir unsere Energiezentren, die Chakren, von allen ungewollten Energien reinigen und sie wieder in Balance bringen.

Falls du in den Ritualen mehrere unterschiedliche Botschaften erhältst, empfehle ich dir, alle Wahrnehmungen – das Gesehene, Gefühlte, Gehörte, Gerochene und Geschmeckte – in deinem Journal zu notieren, um vielleicht in einigen Wochen, Monaten oder Jahren die Botschaften besser verstehen zu können und zu begreifen, wie alles zusammenhängt. Gerade am Anfang kann es passieren, dass wir entweder kaum etwas wahrnehmen oder verwirrend viele Botschaften erhalten, sodass wir bald nicht mehr wissen, was die wesentliche Essenz davon ist.

HEILSTEINE FÜR DIE VERBINDUNG MIT DEINEN SPIRIT GUIDES

Um die Verbindung zu unseren Spirit Guides zu stärken, können wir diese Heilsteine nutzen: Spirit-Quarz, Zeolith, Apophyllit, blauer Kyanit, Lapislazuli, Angelit, Amethyst, Selenit, Bergkristall.

SPIRIT-QUARZ

CHAKRA: Kronenchakra
STERNZEICHEN: Steinbock, Wassermann, Waage, Fische und Jungfrau
ELEMENT: die geistige Welt
EIGENSCHAFTEN: Der Spirit-Quarz gehört zur Quarzfamilie und kann in verschiedenen Varianten vorkommen. Am häufigsten sind Spirit-Quarz-Kristalle als mit Citrin oder Rauchquarz gemischte Amethyste zu finden. Wir können uns diesen Kristall, den es nur in Südafrika gibt, als Toröffner zur geistigen Welt vorstellen. Er hilft uns in unserer spirituellen Entwicklung auf das nächste Level zu gelangen. Wenn wir mit diesem Stein arbeiten, können wir alle Chakren ins Gleichgewicht bringen. Er eignet sich zudem wunderbar als Schutzstein und wenn wir ihn bei uns tragen, kann er uns von Ängsten oder Trauer befreien. Außerdem ist er hilfreich, um kreativ zu arbeiten und unsere Leidenschaft wiederzuerwecken.

ZEOLITH/APOPHYLLIT

CHAKREN: Kronenchakra, Stirnchakra und Herzchakra

STERNZEICHEN: Waage und Zwilling

ELEMENT: Luft

EIGENSCHAFTEN: Der Apophyllit wird in der Erdkruste sehr oft gefunden und kommt häufig als Mischgestein vor in Gesellschaft mit Stilbit oder Zeolith. Dieser Kristall ist wunderbar für Menschen geeignet, die als spirituelle beziehungsweise energetische Heiler arbeiten. Er unterstützt Reiki-Praktizierende energetisch und lässt sie feinfühliger werden. Der Apophyllit stärkt unser Bewusstsein, bringt das leuchtende, heilende, weiße Licht in unser Leben und kann Menschen mit gebrochenen Herzen helfen, sich für Heilung zu öffnen. Außerdem kann er hinzugezogen werden, um Freude und Fülle in unser Leben zu ziehen. Zudem verbindet er die physische Welt mit der geistigen Welt.

BLAUER KYANIT

CHAKREN: Kehlchakra und Stirnchakra

STERNZEICHEN: Fische, Widder, Stier und Waage

ELEMENTE: Wasser und Luft

EIGENSCHAFTEN: Der Kyanit kann sehr gut in Kombination mit anderen Kristallen verwendet werden. Dieser Heilstein benötigt keine energetische Reinigung, da er keinerlei fremde Energien aufnimmt. Er besitzt eine sehr hohe Schwingung und ist eng verbunden mit der geistigen Welt. Der Kyanit kann uns die Kommunikation zu unserem höheren Selbst ermöglichen und diese verbessern helfen. Er kann unsere Intuition und die Fähigkeit zur Telepathie fördern und somit unsere Hellsinne unterstützten. Dieser Stein kann die Verbindung zwischen unseren Chakren wiederherstellen, wenn der Energiefluss blockiert ist. Deshalb ist er sehr gut dazu geeignet, jegliche Form von Blockaden in unserem System zu lösen und in die Heilung zu bringen.

LAPISLAZULI

CHAKREN: Stirnchakra und Kehlchakra
STERNZEICHEN: Schütze und Waage
ELEMENT: Wasser
EIGENSCHAFTEN: Der Lapislazuli wurde schon im alten Ägypten genutzt, um die spirituellen Fähigkeiten der Menschen zu stärken und sie tiefer in die geistigen Welten eintauchen zu lassen. Dieser Stein hilft uns dabei, uns unserer selbst bewusst zu werden und unsere innere Wahrheit sowie unsere eigene Stimme in der Welt zu finden. Der Lapislazuli fördert unsere Intuition und eröffnet uns alte Wahrheiten, die in unserem Unterbewusstsein gespeichert sind. Der Lapislazuli wird oft als Stein des Himmels bezeichnet, da er uns das Tor zu den höheren Reichen eröffnen soll. Wenn wir mit dem Lapis meditieren, befreit er uns von Stress und Negativität, die sich in uns angesammelt haben.

ANGELIT

CHAKREN: Kronenchakra, Stirn- und Kehlchakra
STERNZEICHEN: Wassermann
ELEMENT: Luft
EIGENSCHAFTEN: Der Angelit gilt als Türöffner, um mit unseren Engeln zu kommunizieren. Außerdem soll er uns ermutigen, die Eigenschaften der Engel hier auf Erden in unser Leben zu integrieren. Dieser Kristall soll uns helfen, die Stimme unserer Intuition noch besser zu vernehmen und unser spirituelles Wachstum anzukurbeln. Er schafft Raum für Vergebung, löst Anspannung und Stress und unterstützt emotionale Heilung. Der Angelit verstärkt Empathie und Verständnis für andere. Mit seiner Unterstützung können wir tiefer in die Techniken des außerkörperlichen Reisens einsteigen und somit sehr feine und luzide Aspekte unseres Seins erforschen.

Meditation: Schenk deiner Seele Leichtigkeit und reise in die geistige Welt

Für dieses Ritual benötigst du vier Selenit-Steine und einen Spirit-Quarz, alternativ kannst du auch einen Amethyst nehmen. Außerdem wäre meditative Musik gut für die Atmosphäre und einige weiße Kerzen. In diesem Ritual geht es darum, eine Vielzahl negativer Anhaftungen seit deiner Geburt hier auf Erden durch das Universum ablösen zu lassen.

Wie bei allen Ritualen reinige zur Vorbereitung deine Räume, deine Materialien und dich selbst energetisch mit beliebigem Räucherwerk. Daran anknüpfend werden durch die folgende Meditation mithilfe der Kristalle sehr stark anhaftende Energien frei. Ich möchte dir keine Angst machen, doch es gibt vieles Feinstoffliche, das wir mit dem bloßen Auge nicht wahrnehmen können. Alles ist, wie gesagt, Energie. Dazu zählen auch solche Wesen, die das Licht nicht sehen können, die sich zwischen den Welten verirrt haben und uns manchmal als Energiequelle anzapfen. Und es kann passieren, dass sie uns in unserer Entfaltung beeinträchtigen, weil sie unsere Emotionen und unsere Leistungsfähigkeit ins Ungleichgewicht bringen. Solche Fremdenergien können der Grund sein, dass wir Botschaften aus der geistigen Welt nicht klar zu deuten vermögen. Sei bitte gut zu dir in diesem Ritual. Es öffnet dein Bewusstsein für die astrale Welt und führt dich zu deinen hilfreichen und wohlgesonnenen Spirit Guides.

Let's start: Zünde die Kerzen an und schalte die Musik ein. Suche dir einen ruhigen Platz in deinem Raum. Ordne deine vier Selenit-Steine in gleichmäßigen Abständen um dich herum an und setz dich in die Mitte. Nutze in der Meditation den Spirit-Quarz oder den Amethyst, indem du ihn in deine nach oben geöffneten Hände legst, die sich im Bereich deines Schoßes befinden. Wenn du bereit bist, nimmst du drei tiefe Atemzüge: Durch die Nase atmest du ein und durch den Mund wieder aus. Beim vierten Atemzug ziehst du in deiner Imagination, vom Wurzelchakra ausgehend, weißes Licht durch deine Pranaröhre entlang der Wirbelsäule hoch bis zu deinem Herzen. Dies vollziehst du drei Mal hintereinander. Spüre, wie dein Herz sich mit universeller Energie anfüllt. Jetzt ziehst du durch dein Kronenchakra die universelle Lebensenergie von oben ebenfalls bis in dein Herzchakra hinein und sammelst sie dort. Dies machst du wieder genau drei Mal.
Danach leitest du die im Herzen gesammelte Energie hinab durch dein Wurzelchakra bis in den Erdkern und lässt auch deine Wurzeln bis dorthin wachsen, um gut geerdet zu sein. Wenn du dich fest verankert hast, ziehst du die Energie des Erdkerns durch deine Wurzeln hoch bis ins Kronenchakra. Wenn die Energie durch alle deine Chakren fließt, werden energetische Blockaden in deinem System gelöst. Lass jegliche Anspannung im Körper los. Lockere auch die Schultern, den Nacken, den Kiefer. Lass deinen Atem ganz natürlich und ohne bewusstes Eingreifen fließen. Wenn die Energie, die durch deine Chakren aufsteigen durfte, an deiner Krone angekommen ist, stell dir vor, wie sich dein Bewusst-

sein davon löst. Lass es hoch hinaus fliegen, bis in den Himmel. Beobachte, wie du immer höher steigst und die Erde immer kleiner wird. Du fliegst an Wolken vorbei, immer höher und höher, bis du an verschiedenen Planeten und Sternen vorbeischwebst. Du bist schwerelos und bemerkst, wie sich dein Körper immer leichter und entspannter anfühlt. Du gleitest immer weiter und weiter, bis du ein helles Licht wahrnimmst. Vor dir erscheint eine leuchtende weiße Treppe. Diese Treppe fühlt sich heilsam und einladend an. Du steigst die Treppe hinauf, sie besitzt genau sieben Stufen. Du gehst jede einzelne Stufe hoch und verschmilzt mehr und mehr mit der Energie des unendlichen Universums.

Oben angekommen, wird das Leuchten immer heller und dir erscheint eine leuchtende Lichtkugel. Diese zieht dich magnetisch an. Sie öffnet sich für dich und du steigst hinein. In der Kugel fühlst du dich sicher, geliebt und geborgen. Du lehnst dich zurück und lässt dich von der Lichtenergie nähren. Du bittest die Kugel darum, dass alle Energien, die dir unerlaubterweise anhaften, alle Wesenheiten, die sich in deinem Energiefeld eingenistet haben, alle Schwüre und Gelübde, die dir eingetrichtert wurden, jetzt gehen mögen. Sie sollen ins Licht der Schöpfung gegeben werden.

Du rufst die Kraft des Selenits hinzu, um den Prozess zu verstärken. Du beobachtest und spürst, wie alles gehen darf, was nicht dienlich für dich ist. Du spürst, wie Leichtigkeit und Reinheit in dein System einziehen. Du siehst, wie Lichtpartikel der Kugel deine Haut ummanteln und dein Inneres durchdringen.

Nimm jedes Detail und jedes Gefühl, welches sich in dir regt, genau wahr.
Jetzt bittest du die Lichtkugel, dich mit deinem höheren Selbst zu verbinden, um dich an die Person zu erinnern, die du in Wahrheit bist, und um Fragen, die du hast, zu klären. Frag alles, was du möchtest. Lass dich auf die Begegnung mit deinem höheren Selbst ein und lausche auf die Kommunikation, die sich ergibt. Je öfter du dich mit deinem höheren Selbst verbindest, umso klarer und stärker wird diese Kommunikation für dich werden. Vertraue in deine Fähigkeit, mit höheren Aspekten in Verbindung zu treten. Es ist uns angeboren und für jeden Menschen möglich.
Wenn du deine Fragen gestellt und Antworten in Form von Worten, Bildern, Zeichen oder Sinneseindrücken erhalten hast, oder wenn du merkst, es ist genug, steig aus der Lichtkugel aus und gehe den Weg, den du zuvor gekommen bist, nun wieder zurück. Steig die Treppe hinab, reise durch das Universum, an allen Sternen und Planeten vorbei, zurück zu den Wolken, zur Erde, bis zu deinem Haus und in deinen Körper hinein. Lass dein Bewusstsein ganz in deinen Körper zurückkehren. Und jetzt nimm drei tiefe Atemzüge und zieh deine Wurzeln aus Mutter Erde wieder zurück in deinen Körper. Sammle noch einmal die liebevolle Energie in deinem Herzraum. Genieße sie und wenn du so weit bist, öffne deine Augen und komm ins Tagesbewusstsein zurück.
Ich empfehle dir, alles Erlebte in einem Journal genau aufzuschreiben, damit du keine einzige Botschaft vergisst. Sie könnte wichtig für dich und deinen weiteren Weg hier auf Erden sein.

Ritual: Öffne dein drittes Auge

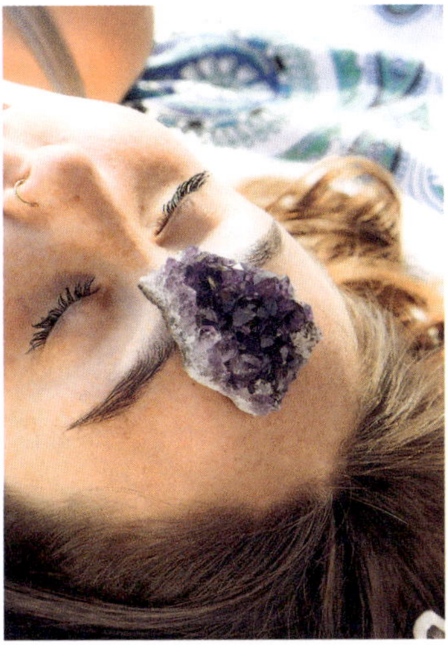

Wir können unsere Chakren durch verschiedene Meditationen reinigen, doch können sie leider auch immer wieder in ihrem Fluss gestört und blockiert werden. Um sie wieder zu reinigen, kann ich dir – am Beispiel des Stirnchakras – ein kurzes und effektives Ritual empfehlen. Ich persönlich liebe es im Sommer, wenn es draußen warm ist und die Möglichkeit der Verbindung zu Mutter Erde einfacher erscheint. Doch bitte verstehe mich nicht falsch: Du kannst dich mit Mutter Erde grundsätzlich immer und überall verbinden. Nur im Winter scheust bestimmt auch du eher davor zurück, dich auf den kalten Boden zu legen. Die warme Jahreszeit schenkt uns das Gras, das wir am Körper spüren dürfen, und den weiten Himmel über uns. Doch du kannst dieses Ritual natürlich auch auf deinem Bett oder deiner Yogamatte durchführen, so wie es sich für dich am besten anfühlt.

Du benötigst nur einen Kristall, der mit dem dritten Auge in Verbindung steht (Amethyst, Spirit-Quarz, Angelit, Kyanit).

Zur Vorbereitung solltest du wieder alles energetisch gereinigt haben, mit einer beliebigen Methode. Leg dich nun hin, nimm deinen Kristall und leg ihn direkt auf deine Stirn. Atme tief ein und aus, bis du bemerkst, wie dein Körper sich beruhigt. Spüre das Gewicht des Kristalls auf deiner Stirn und genieße die Verbindung mit ihm. Visualisiere, wie die Energie des Heilsteins sich in Bewegung setzt und in kreisenden Bewegungen in dein drittes Auge hineingleitet. Visualisiere, wie violettes Licht dein Chakra von innen erleuchtet und es von nicht dienlichen Energien befreit. Bitte nun den Spirit des Kristalls, das violette Licht zu unterstützen und mit seiner Energie Heilung in dein Stirnchakra zu bringen. Bleib so lange in der Position liegen, bis du deine Visualisierung zu Ende geführt hast und dich bereit dafür fühlst, in dein Tagesbewusstsein zurückzukehren. Bedanke dich bei dem Kristall und reinige ihn am besten direkt anschließend.

Die magische Welt der Träume

Wir können Träume und ihre Deutung für die Themen, die wir im Leben haben, gut nutzen und hilfreiche Antworten finden. In Träumen erscheinende Symbole, Situationen, Menschen, Tiere oder Pflanzen sind die Sprache unseres Unterbewusstseins oder unserer Seele. Damit erhalten wir oft nützliche Hinweise, die unsere Entwicklung fördern können – unabhängig davon, ob wir die Nachrichten im esoterischen Kontext deuten oder auf psychologischer Ebene. Deshalb ist

es auch empfehlenswert, ein Traumtagebuch zu führen. So können wir uns die Nachrichten der Träume besser vergegenwärtigen und eventuell für unser Wachstum oder unsere Heilung nutzen. Manchmal geschieht es auch, dass wir Nachrichten von unseren Spirit Guides oder dem Universum erhalten, die uns anregen, die Traumsymbolik besser zu erforschen. Dann tauchen wir noch tiefer in die Frage ein, warum wir hier sind, und suchen nach dem Zweck, den unsere Seele hier erfüllen darf.

Ritual: Berge den Schatz deiner Träume

Für unser Ritual nutzen wir einen Feenstein aus Labradorit, da dieser Kristall tief mit der astralen Welt verbunden ist. Der astrale Raum wird der vierten Dimension zugeschrieben, mit der wir immer in Kontakt stehen. Wenn wir schlafen, geht unsere Seele auf Reisen und besucht ihre Seelenverwandten und Spirit Guides. Dies geschieht im astralen Raum. Das Ritual kannst du täglich anwenden, um tiefer in diesen Raum einzutauchen. Ich empfehle dir, mindestens dreißig Minuten vor dem Zubettgehen keine elektronischen Geräte mehr zu nutzen, um dein Feld zu beruhigen und klarere Botschaften möglich zu machen.

Am besten reinigst du zunächst deinen Feenstein, deinen Schlafraum und dich selbst energetisch mit einer beliebigen Methode. Wenn du magst, kannst du deinen Feenstein auch programmie-

ren. Das Thema des Programmierens könnte beispielsweise dein Wunsch nach einer klaren Verbindung zu deinem Unterbewusstsein oder zu den höheren Reichen sein, wenn du schläfst. Dadurch kannst du die Energie gezielter lenken.
Lege nun deinen Feenstein unter dein Kopfkissen. Leg dich ins Bett und setze die Intention, tiefer in deine Träume zu tauchen und Nachrichten deiner Engel, Guides oder deines höheren Selbst zu empfangen und dich beim Aufwachen an sie zu erinnern. Es kann anfangs passieren, dass deine Träume noch nicht so klar erscheinen und du sie nach dem Aufwachen wieder vergessen hast. Dennoch wird auf energetischer Ebene das Signal gegeben, Botschaften empfangen zu dürfen. Praktiziere dieses Ritual am besten täglich oder so lange, bis du merkst, dass du vorerst genug Informationen aus dem astralen Raum für dich erhalten hast.

Wie du mit deinen Geisthelfern sprichst

Unsere Spirit Guides werden sich in keinster Weise in unser Leben einmischen oder mit uns in Kontakt treten, bevor wir sie nicht darum bitten. Denn wir haben unseren freien Willen, und dieser wird von der Geistwelt respektiert. Doch wenn wir ihnen begegnen möchten, zeigen sie sich uns, oft in Gestalt von Engeln, als Gottheiten, Tiere, Feen oder verstorbene Verwandte.

Ritual: Frag deine Spirit Guides um Rat

Mit der folgenden Kristall-Meditation kannst du deine Spirit Guides einladen und sie um Rat fragen. Wähle dafür einen einzelnen Kristall, der die Eigenschaft besitzt, dich mit deinen Geisthelfern zu verbinden, und der dich besonders anspricht. Die in diesem Kapitel aufgeführten Kristalle sind alle gut dafür geeignet. Zur Verstärkung kannst du gern weitere Kristalle dazunehmen und sie um dich herum aufstellen. Vielleicht ist auch ein Bergkristall dabei, der die Eigenschaften der anderen Kristalle intensiviert. So kann sich um dich herum ein schützendes Energiefeld bilden.

Vor der Meditation reinige deinen Platz, dich selbst, deinen Kristall und, falls du weitere Heilsteine hinzugezogen hast, auch diese energetisch mit einem beliebigen Räucherwerk. Wenn du magst, kannst du auch hier wieder die Technik des Programmierens anwenden, um die Frequenzen deines Kristalls noch klarer auszurichten und seine Wirkung zu intensivieren.

Lass uns beginnen: Setze oder lege dich hin, eröffne dein Ritual, indem du deine Intention laut aussprichst: Rufe deine Spirit Guides und sag ihnen, dass du dich mit ihnen verbinden möchtest und ihnen erlaubst, mit dir in Kontakt zu treten. Halte deinen Heilstein mit beiden Händen auf der Höhe deines Herzens. Atme tief ein und wieder aus. Sammle dabei die Kristall-Energie in deinem Herzraum, indem du dir vorstellst, wie seine Kraft durch

deine Hände und Arme bis zu deinem Herzen wandert und es ganz erfüllt. Lass diese Energie dort pulsieren. Mit jedem Atemzug lässt du geschehen, dass sich die gesammelte Energie im Herzen weiter ausdehnt, bis sie dich wie eine lichte Kugel umhüllt. Lass diese nun weiter und weiter wachsen, bis sie auch deine Umgebung eingenommen hat – dein Haus, deine Straße, deine Stadt, dein Land – und über die Erde hinaus bis ins Universum reicht. Auch von dort dehnt sie sich weiter aus und erreicht schließlich das Reich deiner Spirit Guides. Du siehst und spürst sie schon, deine Guides lächeln dir zu und freuen sich über deinen Besuch.
Wenn du die Verbindung spürst und dir sicher bist, dass jetzt der richtige Zeitpunkt ist, stell deine Fragen. Lass dich auf diese Reise ein und signalisiere deinen Spirits, dass du all ihre Informationen willkommen heißt. Diese können als Bilder gesehen, als Wörter gehört oder als Gefühle und Farben wahrgenommen werden. Sei dir währenddessen bewusst, dass du zu jeder Zeit sicher und vom Universum gehalten bist. Du bist ein Teil des Universums und zu jedem Zeitpunkt verbunden mit der Quelle von allem, was ist. Entspanne dich in die Situation hinein und empfange deine Antworten. Wenn du das Gefühl hast, es ist genug, bedanke dich liebevoll bei deinen Spirits. Verweile noch ein wenig im Gefühl der Verbundenheit und kehre langsam zurück. Erlaube der Energie der Lichtkugel, dass sie sich wieder zurückzieht aus dem Weltraum bis zur Erde, in dein Haus und in deine Wohnung. Spüre deinen Körper und deine physische Realität. Spüre dein Herz, den

Kristall in deinen Händen, deine Verbindung mit dem Boden, auf dem du sitzt oder liegst. Atme tief ein und aus und öffne langsam wieder die Augen. Wenn du magst, notiere das Erlebte in deinem Journal.

Falls deine Spirit Guides sich nicht zeigen wollten, sei nicht entmutigt. Es ist okay. Manchmal haben sie gerade anderes zu tun. Versuche es einfach zu einem anderen Zeitpunkt noch einmal. Vertraue in deine Fähigkeiten und gib nicht auf. Die Verbindung zu den höheren Reichen darf – wie alles, was unsere Seele lernen möchte – regelmäßig geübt werden. Im Laufe der Zeit wird sie sich festigen und immer selbstverständlicher für uns werden. Dies gilt hier wie für jede andere spirituelle Praxis auch.

Kapitel 6: Kraftvolle Heilsteinkombinationen für dein strahlendes Ich

Wie du Heilsteine wirkungsvoll kombinieren kannst

Wir können Heilsteine sehr gut miteinander kombinieren, damit sich ihre Magie noch kraftvoller entfalten kann. Das haben wir zum Teil auch schon in den Ritualen dieses Buches getan und mit ihnen gearbeitet. Bei der Kombination von Heilsteinen sollte beachtet werden, dass ihre Eigenschaften und Energien miteinander verträglich sind. Du kannst zwar keinen Schaden davontragen, solltest du eventuell weniger gut kompatible Heilsteine zusammen verwendet haben. Dennoch sollte beachtet werden, dass manche Kombinationen für bestimmte Vorhaben günstiger als andere sein können. Ich würde dir raten, die Eigenschaften der einzelnen Kristalle, die du gegebenenfalls intuitiv für ein Ritual oder ein Schmuckstück verwenden möchtest, erst einmal auf ihre Eigenschaften zu überprüfen.

Hier ein Beispiel: Nehmen wir einmal an, du befindest dich aktuell in einer eher stressigen Lebensphase. Hier empfehle ich dir Kristalle, die Stress reduzieren, dich erden und dir Schutz bieten. Steine, die dein System eher anregen und energetisieren, sind in solchen Phasen kontraproduktiv, da wir gerade in solchen Zeiten mehr Ruhe und Ausgleich benötigen, um im Einklang mit uns selbst zu sein.
Wenn du gern Heilsteinschmuck trägst, ist es sehr wichtig, wirklich darauf zu achten, ob die Wirkung der verarbeiteten Kristalle gerade günstig für dich ist. Denn du lässt die Heilsteine dabei über einen längeren Zeitraum in deinem Energiefeld arbeiten. Und schließlich soll das Verwenden von Heilsteinen eine angenehme spirituelle Erfahrung sein. Deshalb möchte ich das hier erwähnt haben, bevor du Heilsteine trägst, die vielleicht nicht so gut miteinander harmonieren.

HEILSTEINKOMBINATION FÜR MEHR HARMONIE

Die wohl bekannteste Heilsteinkombination ist das sogenannte goldene Dreieck. Diese Kombination besteht aus Rosenquarz, Amethyst und Bergkristall. Das Dreieck symbolisiert spirituell betrachtet die Verbindung zum Göttlichen und die Dreieinigkeit von Körper, Geist und Seele. Das Dreieck findet sich auch in vielen Formen der heiligen Geometrie wieder und steht in Verbindung mit Erzengel Metatron. Er ist der Hüter des weißgoldenen Lichtes der Glückseligkeit. Man sagt, dass er von allen Engeln die höchste Schwingung besitzt und zur Rech-

ten Gottes sitzt. All diese Eigenschaften können wir im goldenen Dreieck finden. Der Rosenquarz repräsentiert die allumfassende Liebe, der Bergkristall die Klarheit des Lichtes und der Amethyst die Verbindung zum Göttlichen. Diese Kombination ist sehr empfehlenswert für deine Räumlichkeiten, um mehr Harmonie in sie hineinzubringen. Falls es Streitigkeiten mit dem Partner oder den Kindern gibt, kann dieses Dreigespann in der Raummitte platziert werden und dort in alle Richtungen wirken. Auch auf Reisen ist es sehr nützlich, um die Unterkunft mit liebender und lichtvoller Energie zu versorgen und Harmonie in die für dich fremden Räume zu bringen.

HEILSTEINKOMBINATION FÜR FÜLLE

Diese Heilsteinkombination eignet sich bestens, um die Energie von Fülle in unser Leben zu ziehen. Die drei vereinten Heilsteine – natürlicher Citrin, grüner Aventurin und Tigerauge – fördern deine Willenskraft, schützen dich auf deinem Weg, ziehen Wohlstand und Fülle an und bekräftigen deine Manifestationen. Du kannst diese Kristalle auch in Manifestationsprozesse mit einbeziehen, sie täglich bei dir tragen

und dich mit ihren Eigenschaften in einer Meditation verbinden. Du kannst ebenfalls sehr gern Crystal Grids damit legen, falls du mehr Geld und Wohlstand in dein Leben einladen magst. Hier würde ich dir zusätzlich auch Bergkristall empfehlen, um die Eigenschaften des Dreigestirns noch klarer in den Fokus zu rücken und zu intensivieren. Hier kurz zur Erinnerung: Der Citrin verstärkt positives Denken, Selbstwirksamkeit sowie Motivation und fördert persönliches Wachstum. Der grüne Aventurin unterstützt Kreativität, Selbstständigkeit und Erfolg im Job. Das Tigerauge zieht die Energie der Fülle in dein Leben und fördert das Selbstwertgefühl.

HEILSTEINKOMBINATION LOVE

Wie der Name schon verrät, dreht es sich bei dieser Kombination um die Liebe. Das Set aus Rosenquarz, pinkem Turmalin und Rhodochrosit soll dem Nutzer die Energie der allumfassenden Liebe ins Herz und ins Leben zaubern. Du kannst diese Heilsteine gern in Phasen des Kummers oder des Herzschmerzes einsetzen. Alle drei Steine sind mit unserem Herzen verbunden, schwingen mit seiner Energie und helfen dem Herzraum im Heilungsprozess, falls er verwundet wurde. Du kannst diese

Kombination als Crystal Grid verwenden und neben dein Bett stellen oder sie als Schmuckstück bei dir tragen. Schmuckstücke sind gerade in schwierigen Phasen des Lebens eine sehr gute Methode, um etwas dem Wandel anzuvertrauen und mehr Licht in unser Feld zu bringen. Vielleicht hast du eine Freundin, die aktuell durch eine Trennung geht. Diese Kombination lässt sich sehr gut verschenken und kann Balsam für das Herz sein. Wenn wir etwas von Herzen verschenken, kann dies beim Empfänger viele positive Gefühle wecken. Noch einmal auf einen Blick: Der Rosenquarz steht für bedingungslose Liebe, Selbstliebe, Freundlichkeit, Ruhe und Freundschaft. Der pinke Turmalin fördert Vergebung, Sorglosigkeit, Leidenschaft und zieht neue Romanzen in dein Leben. Der Rhodochrosit unterstützt dein Selbstbewusstsein, nährt dein inneres Kind und löst Bindungsängste.

HEILSTEINKOMBINATION GEGEN ÄNGSTE UND STRESS

In stressigen Zeiten können Kristalle kraftvolle Begleiter sein, um uns wieder gut zu erden, mehr Leichtigkeit einzuladen sowie geduldig und zentriert im Hier und Jetzt zu sein. Auch bei Angstzuständen, die uns innerlich erstarren lassen, können sie uns unterstützen, diese zu überwinden. Hierfür kannst du die fünf hier vorgestellten Heilsteine einzeln nutzen oder alle in Kombination verwenden. Du kannst sie beispielsweise in deine Meditation integrieren, sie auf deinen Nachttisch legen oder in einem Crystal Grid verwenden. Lass deiner Kreativität freien Lauf.

Der Amethyst lindert Stress, löst negative Gedanken und bringt Ruhe in deine Emotionen. Der Regenbogenfluorit hilft dir, bei Überforderung wieder in deine Mitte zu kommen. Der Rauchquarz fördert deine Widerstandsfähigkeit in Stresssituationen und hilft dir, innere Stärke zu entwickeln. Der schwarze Turmalin verhilft dir zu mehr Erdung, was zur Überwindung von Angstzuständen hilfreich sein kann. Der Howlith schenkt dir mehr Geduld mit dir selbst und anderen und hilft dir eine ruhige Gesprächsatmosphäre zu schaffen.

DIE FÜNF-ELEMENTE-KOMBINATION

Wenn wir rituell arbeiten, können wir die hilfreiche Kraft der fünf Elemente Feuer, Wasser, Erde, Luft und Äther hinzuziehen. Sie sind Teil des Universums und besitzen ihre je eigenen Schwingungen, wie du und ich. Aus ihnen gingen dieser Planet und wir hervor. Sie besitzen eine ureigene »Intelligenz«, die wir Menschen nicht annähernd zu begreifen vermögen. Ihre ganz individuellen Eigenschaften möchte ich hier kurz aufzeigen:

- Feuer steht für: hohe Energie, Hitze/Wärme, Begeisterung, Leidenschaft, Lebhaftigkeit, Freude und Hass, Unbeschwertheit, Dynamik und Intellekt.
- Wasser steht für: Fluss des Lebens, Gefühle, Fokus, Balance, Harmonie, Frieden, Weisheit, Tiefgründigkeit und Geheimnis.
- Erde steht für: bedingungslose Liebe, Heimat, Verlässlichkeit, Fruchtbarkeit, Stabilität und Halt.

- Luft steht für: Leichtigkeit, Offenheit und Kommunikation.
- Äther/Spirit steht für: Weite, Himmel und spirituelle Verbindung.

Jeder Heilstein ist einem oder mehreren Elementen zugeordnet und besitzt häufig auch deren jeweilige Eigenschaften. Für die Fünf-Elemente-Kombination eignen sich alle hier aufgelisteten Heilsteine. Du kannst dir deine persönliche Kombination selbst zusammenstellen und individuell auf deine Bedürfnisse abstimmen.

Feuer	Wasser	Erde
KARNEOL	SODALITH	MALACHIT
SONNENSTEIN	LAPISLAZULI	PERIDOT
OBSIDIAN	AQUAMARIN	SCHWARZER TURMALIN
CITRIN	AMETHYST	SMARAGD
GRANAT	BLUE-LACE-ACHAT	TÜRKIS

Luft	Spirit
BLAUER KYANIT	KORALLE
AVENTURIN	BERNSTEIN
APATIT	VERSTEINERTES HOLZ
TOPAS	FOSSILIEN
GRÜNER FLUORIT	SPIRIT-QUARZ

Zu guter Letzt

Tief in uns spüren wir die Verbindung mit allem, was uns umgibt. In der Arbeit mit Kristallen wird dies auf besondere Weise erlebbar. Kristalle haben einen hohen Anteil an der Entstehung dieses Planeten. In ihnen schlummern die Weisheiten und Geheimnisse der Evolution des Lebens. Sie sind Zeugen längst vergangener Zeiten und können uns mit ihren Eigenschaften eine Welt eröffnen, die uns verborgen schien. Jedenfalls erging es mir so, als ich mich tiefer mit der Materie auseinandergesetzt habe. Ich hoffe, diese Aspekte konntest auch du beim Umsetzen einiger der in diesem Buch beschriebenen Rituale, Meditationen und Übungen erfahren. Wenn wir offen sind für die Magie der Heilsteine, wird uns oftmals bewusst, welche wundervollen Dinge dieser Planet für uns bereithält, was für Wunder in ihm stecken und welche atemberaubende Schönheit er besitzt.

Vielleicht hast du dich bei dem Betrachten deiner Heilkristalle gefragt, wie es sein kann, dass es solche Wunder auf der Erde gibt. Und du hast eine Liebe für diesen Planeten entwickelt, welche du zuvor so noch nicht spüren konntest. Für mich war dies der Fall, und noch heute frage ich mich oft beim Betrachten meiner Kristalle, wie es möglich ist, dass es solche Farben in der Kristallwelt gibt, wie Mutter Natur imstande war, Kristalle überhaupt zu erschaffen.

Ich hoffe, dieses Buch konnte dir Inspirationen bieten auf deiner Reise mit den Heilkristallen und deine Sammlung von Ritualen, Übungen und Meditationen erweitern helfen. Vielleicht war es dir sogar möglich, eine persönliche Weiterentwicklung zu beobachten, und ein Bewusstsein konnte sich entfalten, mit dem du die Welt und dein Sein nun strahlender wahrnehmen kannst.

Ich lade dich herzlich ein, mich auf Instagram zu besuchen und deine Erfahrungen mit diesem Buch und deine Liebe zu den Kristallen mit mir zu teilen. Kristalle verbinden uns nicht nur mit Mutter Erde, sondern können uns Menschen durch unsere Liebe zu ihnen auch in Verbindung treten lassen.

Dank

Ich danke allen, die dieses Buch möglich gemacht und mich auf dem Weg unterstützt haben, es in die Welt zu entlassen. Es ist für mich eine große Ehre, dass ich es schreiben durfte und meine Erfahrungen und meine Liebe zu den Kristallen auf diesem Weg teilen darf.
Ich danke meiner Familie, besonders meiner verstorbenen Großmutter, die mir die Welt der Kristalle eröffnete und mir als Kind den Zugang zu diesen wunderschönen Erdschätzen gezeigt hat.
Ich danke allen Mentoren und Autoren, von denen ich auf meiner spirituellen Reise lernen durfte. Ihre vielfältigen Anregungen sind in dieses Buch mit eingeflossen.
Ich danke meinen Freundinnen, die mich liebevoll im Schreibprozess unterstützten, indem sie mir tatkräftig mit ihren Worten und Gesten zur Seite standen, wie es gute Freundinnen nicht besser tun können.
Außerdem danke ich meiner Community auf Social Media für den täglichen Support und den Aufbau meines Kristall-Shops. Ohne euch wäre dieses Buch womöglich nicht zustande gekommen.
Mein letzter Dank geht an das Universum – für das Wunder des Lebens, welches ich erleben darf. Ich bin täglich dankbar für meine Reise hier auf Erden.

Die Autorin

Natalie Schmieding ist Erzieherin und angehende Reiki-Meisterin. Die Zeit der Corona-Lockdowns, in der sie nicht im Kindergarten arbeiten durfte, nutzte sie für ihre spirituelle Weiterentwicklung und ein zusätzliches Business. Sie ließ sich in der Heilmethode ThetaHealing® ausbilden, lernte verschiedene energetische Meditationstechniken kennen und eröffnete Heilstein-Accounts auf Instagram. Hier widmet sie sich ihrer Leidenschaft, die sie seit der Kindheit begleitet: der Magie der Heilsteine. Natalie ist eine der erfolgreichsten deutschen Instagramerinnen im Bereich Kristalle. Einzigartig ist ihre Herangehensweise, die Kraft der Steine in Ritualen, Meditationen und Übungen zu energetischer Entfaltung zu bringen. Sich selbst befreite sie damit aus einer missbräuchlichen Beziehung und fand zurück in ihre schöpferische Lebenskraft. Dieses wertvolle Wissen teilt sie bezaubernd authentisch mit ihren Followern und Leser*innen. Auch mit der Kamera meditiert Natalie. Ihre magischen Heilkristalle setzt sie fotografisch kunstvoll in Szene.

Hier findest du Natalie:
www.instagram.com/alignwithnatalie
www.instagram.com/lunalovestonecrystals
www.lunalovestonecrystals.de

LIEBE LESERINNEN UND LESER,

wir wollen Ihnen mit diesem Buch Informationen und Anregungen geben, um Ihnen das Leben zu erleichtern oder Sie zu inspirieren, Neues auszuprobieren. Wir achten bei der Erstellung unserer Bücher auf Aktualität und stellen höchste Ansprüche an Inhalt und Gestaltung. Alle Anleitungen, Übungen oder Rezepte werden von unseren Autoren, jeweils Experten auf ihren Gebieten, gewissenhaft erstellt und von unseren Redakteur*innen mit größter Sorgfalt ausgewählt und geprüft.

Haben wir Ihre Erwartungen erfüllt? Sind Sie mit diesem Buch und seinen Inhalten zufrieden? Wir freuen uns auf Ihre Rückmeldung. Und wir freuen uns, wenn Sie diesen Titel weiterempfehlen, in Ihrem Freundeskreis oder bei Ihrem Online-Kauf.

Sollten wir Ihre Erwartungen so gar nicht erfüllt haben, tauschen wir Ihnen Ihr Buch jederzeit gegen ein gleichwertiges zum gleichen oder ähnlichen Thema um.

KONTAKT ZUM LESERSERVICE

GRÄFE UND UNZER VERLAG
Grillparzerstraße 12
81675 München
www.gu.de

Impressum

unum

unum ist eine eingetragene Marke der GRÄFE UND UNZER VERLAG GmbH, www.gu.de

ISBN 978-3-8338-8544-0

1. Auflage 2022

Projektleitung: Clea von Ammon, Viola Schmid
Lektorat: Christiane Braun
Umschlaggestaltung und Layout: ki36 Editorial Design, München
Herstellung: Renate Hutt
Satz: Uhl + Massopust, Aalen
Repro: Longo AG, Bozen
Druck und Bindung: DZS Grafik, Slowenien

GRÄFE UND UNZER

Ein Unternehmen der
GANSKE VERLAGSGRUPPE

Umwelthinweis:
Nachhaltigkeit ist uns sehr wichtig. Der Rohstoff Papier ist in der Buchproduktion hierfür von entscheidender Bedeutung. Daher ist dieses Buch auf PEFC-zertifiziertem Papier gedruckt. PEFC garantiert, dass ökologische, soziale und ökonomische Aspekte in der Verarbeitungskette unabhängig überwacht werden und lückenlos nachvollziehbar sind.

Bildnachweis:
Cover: Stocksy

Alle Fotos im Innenteil: Nathalie Schmieding

Shutterstock: S. 6, 9, 42, 59

Syndication: www.seasons.agency

Wichtiger Hinweis
Die Gedanken, Methoden und Anregungen in diesem Buch stellen die Meinung bzw. Erfahrung der Verfasserin dar. Sie wurden von ihr nach bestem Wissen erstellt und mit größtmöglicher Sorgfalt geprüft. Jede Leserin, jeder Leser ist jedoch für das eigene Tun und Lassen auch weiterhin selbst verantwortlich. Weder Autorin noch Verlag können für eventuelle Nachteile oder Schäden, die aus den im Buch gegebenen Hinweisen resultieren, eine Haftung übernehmen.